Servir avec les Anges

Par Paul David Harrison

Traduction par Marguerite Sainty

© 2001 by Paul David Harrison

Messengers of His Kingdom
P.O. Box 833351
Richardson, TX 75080

Publié par Pneumatikos Publishing, (dans l'original)
P.O. Box 595351
Dallas, TX 75359

Première édition Juin 2001
Seconde édition Janvier 2002
Troisième impression avril 2007
Quatrième impression novembre 2007

Imprimé aux Etats-Unis d'Amérique. Tous droits réservés sous les lois du copyright international. Aucune partie de cette publication ne peut être reproduite, stockée, ni transmise, sous quelque forme ou par quelque moyen que ce soit : électronique, photocopie, enregistrement – sans l'autorisation préalable de l'éditeur. Une seule exception existe : de brèves citations, pour des revues imprimées.

ISBN n° 1-932710-22-1 - Français
ISBN n° 0-9712249-0-0 – Anglais
ISBN n° 0-9720681-0-4 – espagnol

Dessin de couverture par Kent Robbins and Fabian Arroyo

Sauf précisions contraires, les citations Bibliques sont extraites de la Version Louis Segond.

Dédicace

*A Dieu, mon Père céleste,
pour la passion qu'Il a mise en moi, pour rechercher Son cœur.*

*A Jésus-Christ, le Fils de Dieu, le Grand Intercesseur,
pour les dons qu'Il m'a donnés pour l'intercession.*

*Au Saint-Esprit, mon Consolateur et mon Guide,
pour m'avoir révélé le ministère des anges.*

Table des chapitres

Introduction   POURQUOI MAINTENANT?   *1*
Chapitre 1   LA TRANSFORMATION   *5*
Chapitre 2   VOYAGE A PENSACOLA   *13*
Chapitre 3   APPEL A LA PRIERE   *23*
Chapitre 4   DIVERSITE DES LANGUES   *29*
Chapitre 5   BIENVENUE AUX ANGES !   *37*
Chapitre 6   SERVIR DIEU AVEC LES ANGES   *49*
Chapitre 7   SOUMISSION A L'AUTORITE   *71*
Chapitre 8   PENETRER DANS LE MONDE SPIRITUEL.   *81*
Chapitre 9   S'ENGAGER DANS LA GUERRE   *91*
Chapitre 10   IMPORTANCE DU DISCERNEMENT   *105*
Chapitre 11   EXERCICES PRATIQUES AVEC LES ANGES   *111*
Chapitre 12   CALCULER LA DEPENSE   *121*
Chapitre 13   S'AGIT-IL VRAIMENT D'UN SERVICE SPECIAL?   *127*
Chapitre 14   PAROLES PROPHETIQUES   *133*

Remerciements

Avant toutes choses, ce livre a été inspiré par mon précieux Seigneur qui, dans Sa grâce et Sa miséricorde, m'a accordé une seconde chance. A Toi, Jésus, Merci !

Exprimer ma reconnaissance envers tous ceux qui ont marqué ma vie serait impossible. Merci à vous tous, et particulièrement aux leaders et aux membres de l'église de Lakewood, qui ont consacré leur vie à servir le Seigneur avec une ferveur qui ne cesse de me surprendre.

Et à quelques autres, sans lesquels ce livre n'aurait jamais vu le jour :

◊ Joy, ma merveilleuse épouse, une vraie partenaire dans le ministère, et trois des plus précieux enfants qui soient au monde: Andréa, Aaron et April.

◊ Nos parents, Don et Nelda Harrison et Wes et Karen Burns, qui nous ont aimés, soutenus et portés dans la prière.

◊ Judy Vineyard, notre chère éditrice, qui a passé des heures à nous apprendre comment on rédige un livre et qui veillait toujours à ce que nous ne manquions jamais de café ni de biscuits pendant ce travail. Lana Bateman, Karen Burns, Jaine Burns et Carole Welch, pour la relecture du manuscrit. Merci pour votre amitié et votre œuvre d'amour.

◊ Les étudiants du M.I.T., qui m'ont enseigné plus que je ne leur ai appris. Merci d'avoir fait suffisamment confiance au Seigneur pour vous engager avec foi ; vous dont certaines rencontres avec des anges sont mentionnées ici.

◊ Et finalement, merci à vous, mon précieux pasteur et ami Ron Crawford. Vos prières et vos encouragements, votre couverture spirituelle, ont permis l'aboutissement de ce projet. Vous avez gardé la foi en ne vous départissent jamais de votre humour, même en face des défis incroyables que nous avons dû relever.

Le Seigneur m'a grandement béni en m'entourant de Ses intercesseurs et de Ses saints.

A vous tous, Merci !
Pasteur Paul.

Préface

Pour la plupart, les chrétiens n'ont aucune difficulté à croire à l'existence des anges. La Bible est pleine d'exemples de leur activité et de leurs interventions, en faveur du peuple de Dieu et de Son œuvre. Pourtant, dès qu'on aborde le sujet du rôle qu'ils jouent actuellement, un silence embarrassé s'installe.

Paul Harrison met en lumière le fait que les anges sont une entité bien réelle et qu'ils sont toujours très impliqués dans les méthodes que Dieu emploie, concernant Son œuvre et Son peuple. Paul a grandi dans une église solide, est ensuite sorti diplômé d'un Collège Biblique reconnu, puis s'est montré un équipier dévoué de l'église, en même temps qu'il élevait sa famille dans la fidélité. En vérité, nous avons appris à apprécier cet homme !

Nous entendons souvent dire qu'il est prudent d'examiner les sources. Et, considérant le monde qui nous entoure et plus spécialement la question des anges, il est d'une extrême importance de le faire. Je saisis donc l'occasion de valider cette source. Paul Harrison aime Dieu ; c'est un croyant attaché à l'intercession. Et, depuis de nombreuses années, il est membre d'une communauté dont la réputation est sans ombre.

Nous sommes à la fin des temps. Examinez avec confiance et prière la révélation et la profondeur de vision qui remplit ces pages. Car de telles informations vous seront nécessaires dans les jours qui viennent !

Pasteur principal
Ronald W. Crawford
The Father's Church, à Dallas, TX. USA.

Introduction

POURQUOI MAINTENANT?

«Heureux celui qui lit et ceux qui entendent les paroles de cette prophétie et qui gardent les choses qui y sont écrites, car le temps est proche!»

--Apocalypse 1 v. 3

Les chrétiens d'aujourd'hui vivent l'époque la plus passionnante de l'histoire. Notre société a accès à des possibilités technologiques qui nous laissent abasourdis. La vie progresse à un rythme accéléré. Si vous ne faites pas l'effort d'apprendre et de vous maintenir à niveau dans le monde de l'électronique, il ne vous restera plus qu'à vous demander en vous grattant la tête: «Comment ai-je pu accumuler un tel retard?»

Notre époque est ainsi et, en même temps, le royaume de Dieu est en train d'être révélé dans toute sa plénitude. Beaucoup reçoivent des songes et des visions concernant les événements qui viennent. Le Saint-Esprit apporte des révélations toutes fraîches de la Parole de Dieu, ainsi qu'une plus grande compréhension de passages qui étaient, jusque là, interprétés et enseignés selon une connaissance limitée.

J'aimerais vous entretenir d'un des domaines sur lesquels, dans Sa grâce et Sa miséricorde, Dieu soulève le voile pour nous permettre de le voir plus clairement : il s'agit d'une révélation toute neuve du ministère des anges, qui coopèrent avec les croyants nés de nouveau, pour l'accomplissement de Ses plans sur la terre.

Plusieurs ouvrages relatent des histoires incroyables où des anges ont sauvé des vies et protégé des gens au sein d'événements qui auraient pu tourner à la catastrophe. Toutefois, ce livre offre un regard différent : un regard sur l'aspect du ministère des anges que Dieu libère pour Ses enfants aujourd'hui. Les faits et révélations contenus dans ces pages s'alignent à la perfection avec les récits Bibliques d'activité angélique.

Notre société s'intéresse beaucoup au monde spirituel. En fait, bien des films récents d'Hollywood explorent l'existence d'êtres surnaturels et leur interaction avec les humains. Presque chaque soir, notre télévision nous offre un spectacle détaillé sur des interventions de ces personnages. Seulement, malheureusement, le point de vue qui s'y exprime est celui du monde et n'est qu'une séduction qui vient directement de Satan. Lui, le prince de ce monde, est en avance sur l'église dans l'explication des réalités spirituelles, et il a déformé la vérité au profit de ses propres desseins.

Depuis toujours, il s'est octroyé la permission d'égarer l'humanité dans sa compréhension des choses spirituelles. Après tout, Satan est un esprit et il vit et opère à ce niveau-là. Tandis que l'esprit de

Pourquoi maintenant ?

l'homme habite un corps et une âme qui vivent dans les limitations des réalités physiques, matérielles. *Satan connaît la vérité, mais il enseigne le mensonge.* Il ne fait que de la contrefaçon. Il prend ce que Dieu a créé et le pervertit.

Dieu a pour plan, dans ces derniers jours de l'histoire, de commencer à dévoiler à l'Eglise une quantité de mystères concernant Son royaume. Or, l'un de ces mystères du monde spirituel est Sa volonté que Ses anges participent au ministère aux côtés des hommes. Rappelez-vous cette parole de Jésus dans Jean 18 v.36 : « Mon royaume n'est pas de ce monde... Mon royaume n'est pas d'ici-bas ». Le règne de Jésus est spirituel et Ses mystères sont des vérités spirituelles, dont un grand nombre étaient restées cachées jusqu'à ce temps de la fin. Et le défi qui nous est lancé, alors que Dieu révèle ces mystères, c'est de mettre de côté nos idées préconçues, en Lui permettant d'étendre le champ de notre foi.

Ce livre est le fruit d'une intense recherche personnelle de Dieu. Ma soif de connaître la vérité – pour ne plus être trompé par les séductions du diable – ajoutée à mon écœurement d'avoir seulement simulé une vie de chrétien, m'ont poussé à chercher la face de Dieu. Et, comme vous allez le découvrir, quand quelqu'un est déterminé à vivre dans Sa présence jour après jour, Son royaume s'approche.

Mais enfin, pourquoi un autre livre sur les anges ? Croyez-moi, il ne faisait pas partie de mes projets. Je n'ai fait qu'obéir à Dieu. Il m'a dit un jour : « Mets dans un livre cette révélation ! »

Alors, dans les pages qui suivent, je me suis appliqué à partager ce qui m'avait été révélé. Car, comme Il l'avait déclaré à Jean dans l'Apocalypse, Jésus dit : « Le temps est proche !

Chapitre 1

LA TRANSFORMATION

«Je vous donnerai un cœur nouveau et Je mettrai en vous un esprit nouveau; J'ôterai de votre chair le cœur de pierre et Je vous donnerai un cœur de chair».

Ezéchiel 36 v.26.

J'étais autrefois un croyant très ordinaire. J'ai grandi dans un merveilleux foyer chrétien, où je me suis trouvé à l'abri de beaucoup de mauvaises influences. L'église a toujours fait partie de ma vie. Et si, vous aussi, vous êtes un chrétien « ordinaire » vous comprendrez aisément que rien dans mon éducation ne m'avait préparé aux rencontres dont je vais vous entretenir.

Malgré mon Diplôme du Collège Biblique, suivi de cours plus approfondis, rien de ce qu'on m'avait enseigné ne me préparait à m'engager dans ce que Dieu S'apprêtait à me révéler. C'est presque par hasard que j'avais découvert la réalité de Dieu. Quand je dis « la réalité de Dieu », je ne parle pas des vérités qui sont familières à la majorité, au sein du christianisme traditionnel. Je parle d'une connaissance de Dieu qui surpasse celle que j'ai de mon épouse, de ma famille et de moi-même. Je parle d'une marche journalière dans une position d'où Sa perspective m'est plus importante que celle des autres. Seule la Sienne compte vraiment.

Vous voyez, Dieu a mis Sa main sur moi. Chers amis, ce que je désire, c'est que vous entriez dans une profondeur de connaissance de Lui où Il pourra Se saisir de vous également. La clé en est le désespoir.

Au moment où j'ai été désespéré, au point de ne plus désirer autre chose que la réalité de la présence vivante de Dieu dans ma vie, celle-ci a connu des tournants décisifs. J'ai appris que notre négligence à chercher Sa face montrait combien facilement nous étions satisfaits sans cette réalité véritable. Mais, lorsque nous sommes déterminés à Le rechercher Lui, Il répond en venant jusqu'à nous.

> *« De ma voix je crie à l'Eternel, et Il me répond de Sa montagne sainte »*
>
> *Psaume 3:4.*
>
> *« Approchez-vous de Dieu et Il S'approchera de vous ».*
>
> *Jacques 4 v.8.*

Si vous ignorez un tel désespoir, ce que vous allez lire peut ne produire aucun effet positif sur votre quotient spirituel. Mais si, au contraire, vous êtes prêt à tout lâcher – je veux dire vraiment *tout* – alors préparez-vous, car Dieu va vous aider à faire des pas de géant dans votre marche avec Lui ! Mais, comme l'Apôtre Paul sur le chemin de Damas, ces bonds ne se produiront qu'en résultat d'une révélation venant du ciel.

La transformation

> « *Vers le milieu du jour, ô roi, je vis en chemin resplendir, autour de moi et de mes compagnons, une lumière venant du ciel et dont l'éclat surpassait celui du soleil. Nous tombâmes tous par terre, et j'entendis une voix qui me disait en langue hébraïque : 'Saul, Saul, pourquoi Me persécutes-tu ? Il te serait dur de regimber contre les aiguillons'. Je répondis : 'Qui es-tu, Seigneur ?' Et le Seigneur dit : 'Je suis Jésus, que tu persécutes. Mais lève-toi, et tiens-toi sur tes pieds, car Je te suis apparu pour t'établir ministre et témoin des choses que tu as vues et de celles pour lesquelles Je t'apparaîtrai. Je t'ai choisi du milieu de ce people et du milieu des païens, vers qui Je t'envoie, afin que tu leur ouvres les yeux, pour qu'ils passent des ténèbres à la lumière et de la puissance de Satan à Dieu, pour qu'ils reçoivent, par la foi en Moi, le pardon des péchés et l'héritage avec les sanctifiés* ».
>
> Actes 26:13-18

Dieu dévoile des quantités de révélations, dans ces derniers jours. Il ôte tous les STOP et nous ouvre Son royaume comme jamais auparavant. Il livre à Ses enfants toutes les ressources disponibles. Pourquoi cela ? Pour préparer l'Eglise à ce qui l'attend :

◊ Premièrement, les plus grands jours de l'Eglise arrivent, où nous verrons les âmes naître par millions dans le royaume de Dieu – elles naîtront à une incroyable rapidité.

◊ En second lieu, le Seigneur veut que l'Eglise soit préparée, face au plus vicieux débordement de pouvoir démoniaque que cette terre ait jamais connu.

◊ Enfin, je sais que Dieu accomplira Ses projets, si des hommes et des femmes comme vous et moi alignent leur vie à ce qu'Il est en train de faire. Or, nous n'en serons capables que si nous Le connaissons au point de devenir partenaires avec Lui pour la réalisation de Ses plans ici-bas.

PERMETTEZ-MOI DE VOUS RACONTER MON HISTOIRE.

Un jour, Dieu m'a posé une question : « *Qui est ton meilleur ami ?* » A ce moment-là, je n'ai eu aucun problème à répondre. Aucun être humain sur toute la planète ne m'était plus proche que Joy, mon épouse. Nous formions un de ces rares couples qui s'étaient aimés depuis le Lycée, s'étaient mariés et étaient restés mariés. Nous nous aimions profondément. J'imagine ce que vous pouvez penser : « Et le Seigneur, alors ? Ne doit-Il pas passer avant tout ? » Il m'a fallu voir la réalité en face : le Seigneur n'était PAS mon meilleur ami !

Quelle réponse Lui ferais-je aujourd'hui ? Ce serait tout aussi facile, sans question, sans hésitation : « *Maintenant, c'est Toi mon ami le plus cher !* » Il s'agit d'une amitié qui découle du désir passionné de jouir de Sa présence, chaque instant de chaque jour. Je ne parle pas d'une connaissance cérébrale de Dieu ; je parle d'une relation vivante.

Comment suis-je passé du premier état au second ? Par la découverte de la prière et de l'intercession. Je ne pourrais absolument plus m'en passer, elles sont devenues ma vie. Dieu me consume. Je ne me préoccupe plus de mon avenir. Mes projets, mes rêves, mes espérances, tout a été mis de côté. Ce que je veux n'a plus aucune importance. Mes seuls plans aujourd'hui, pour l'avenir, sont ceux

La transformation

que le Saint-Esprit me révèle. Je ne m'attarde plus à ce que ma pensée considère logique ou juste. Je ne peux ni ne veux plus vivre en dehors de la présence du Seigneur et d'une communion continuelle avec Lui. Pour moi, la vie ne tourne plus autour de la famille, ni même du ministère. C'est Lui qui en est le centre. Ses priorités sont devenues les miennes, sans la moindre exception ! Notre famille a accepté de nombreux ajustements pour permettre ce total revirement. Ma femme a fait connaissance avec un mari différent à ses côtés. Le logement, les voitures, les choses matérielles et même les projets d'avenir ne comptent plus dans notre consécration. Mon Seigneur est ma passion ! Dieu est tellement fidèle : lorsqu'Il m'a transformé, Il a attiré ma famille près de Lui en même temps ! Non seulement ma femme, mais nos trois enfants adolescents s'appliquent à chercher Sa face. Rappelez-vous ces promesses de l'Ecriture :

> *« Ne vous inquiétez donc pas et ne dites pas : 'Que mangerons-nous ? Que boirons-nous ? De quoi serons-nous vêtus ?' Car toutes ces choses, ce sont les païens qui les recherchent. Votre Père céleste sait que vous en avez besoin. Cherchez premièrement le royaume et la justice de Dieu et toutes ces choses vous seront données par dessus ».*
>
> *Matthieu 6 : 31-33.*

Toutefois, je n'ai pas été le seul à éprouver cette soif désespérée de Dieu : notre pasteur principal passait par le même désespoir, peut-être encore plus que moi. Il était contagieux et, bientôt, plusieurs dans notre communauté se mirent à chercher le Seigneur de tout leur cœur ; et Il l'a transformée. Notre église n'est plus un groupe d'individus avec des intérêts différents, qui se rassemblent pour le culte, puis s'en retournent par des chemins séparés. Nous sommes un corps soudé de disciples, dont l'objectif principal dans la vie est une totale dévotion à notre Seigneur Jésus-Christ. Nous avons des situations et des occupations diverses, mais nous ne sommes qu'un. Vous pensez peut-être : « Je peux servir Dieu sans forcément qu'Il ébranle complètement mon existence ». Alors, s'il vous plaît, si vous n'entendez rien d'autre, écoutez au moins ceci : si vous voulez des rencontres personnelles avec Dieu, devenir un de Ses amis, votre vie sera secouée !

La majeure partie des années qui auraient pu être les plus belles de ma vie ont été gaspillées pour MOI. J'ai aussi gâché bien des années de ministère. Ce que je voulais, c'était offrir le meilleur ministère possible à ceux que je servais, et j'étais un des pasteurs les plus occupés qui puissent exister. Aussi, c'est de la manière difficile que j'ai dû apprendre que Dieu ne recherche pas des serviteurs surchargés d'activités, ni des employés, Il recherche des amis intimes. Tout ce qui importe, c'est d'apprendre à Le connaître !

Mais qu'est-ce que cette nouvelle découverte de l'intimité avec le Seigneur a à voir avec le titre **« Servir avec les anges »** ? Tout, en réalité ! On est au cœur du sujet. Toutes les révélations que l'église et notre équipe de ministère ont eu le privilège de recevoir, y compris celles concernant le service en compagnie des anges, sont nées d'une relation d'intimité permanente avec le Seigneur. C'est l'intercession, en commun et en privé, qui est à la source des changements et des révélations que Dieu a accordés et accorde à nos vies. Si nous n'avions pas connu cette soif, cette passion pour l'intimité avec Lui, nous n'aurions jamais pu persévérer pour arriver où nous sommes aujourd'hui. La révélation change les situations.

La transformation

Le Seigneur a commencé à transformer notre assemblée il y a environ quatre ans. Et maintenant, Il nous a clairement dit Sa volonté que nous racontions au Corps de Christ par quel processus Il nous a fait passer, et que nous partagions les révélations reçues. Ce livre est donc le récit de notre parcours au milieu des leçons, des révélations et des événements qu'Il a utilisés pour nous transformer. Ce que vous allez lire est tiré directement de mon « journal de prière » reflet de mes propres expériences et de celles de plusieurs de nos membres.

Tout ce qui s'est passé a simplement résulté de notre adoration, de notre recherche et de nos cris vers Dieu. Jamais je n'avais recherché pour elles-mêmes les expériences dont je vais vous parler. C'est Dieu qui, dans Sa grâce et Sa souveraineté, a choisi de révéler cet aspect de Son royaume. Je souhaite que mon témoignage vous aide à voir qu'Il peut Se servir de n'importe qui. Il désire Se servir de vous !

Servir avec les Anges

Chapitre 2

VOYAGE A PENSACOLA

« Parce que tu dis : 'Je suis riche, je me suis enrichi et je n'ai besoin de rien' et que tu ne sais pas que tu es malheureux, misérable, pauvre, aveugle et nu, Je te conseille d'acheter de Moi de l'or éprouvé par le feu, afin que tu deviennes riche, et des vêtements blancs, afin que tu sois vêtu et que la honte de ta nudité ne paraisse pas, et un collyre pour oindre tes yeux, afin que tu voies. Moi, Je reprends et Je châtie tous ceux que J'aime. Aies donc du zèle et repens-toi ».

Apocalypse 3 v.17-19.

En Septembre 1996, notre pasteur principal, Ron Crawford, m'a appris qu'un couple de l'église offrait de payer tous les frais pour que l'équipe pastorale puisse assister à une conférence pour serviteurs de Dieu à Pensacola en Floride, organisée par l'Assemblée de Dieu de Brownsville. J'avais entendu parler des choses bizarres qui survenaient à cet endroit et, tout en étant un peu curieux, j'avais surtout le cœur rempli de critiques. La première fois qu'on m'avait parlé du « Réveil de Brownsville » j'avais cru qu'il s'agissait de la ville du même nom au Texas. Je ne savais, en fait, rien du tout.

Tout d'abord, l'idée d'y aller ne m'emballait pas. Ma première pensée avait été : « Comment me soustraire à ce voyage ? » Comprenez que j'étais un critique averti de tout ce qui était qualifié de 'spirituel'. Si Dieu décidait de faire quelque chose de particulier, Il le pouvait ici, à Dallas. Pourquoi devrais-je me déplacer à des centaines de kilomètres, alors que Dieu est partout ? Après tout, Il est aussi dans notre église !

Pourquoi une communauté en particulier devrait-elle être remarquée à cause d'une manifestation spéciale de Dieu ? Il ne fait pas de favoritisme. Et de toutes façons, à quoi bon un réveil ? Les croyants y renouvellent leur engagement avec le Seigneur, pour s'en détourner quelques semaines plus tard. Selon mon opinion, il n'était d'ailleurs pas utile que les gens soient extrêmes dans leurs expériences de foi. Ce dont nous avons besoin, pensais-je, c'est de croyants enracinés dans la Parole, ayant une bonne logique et fidèles à leur église. Or justement, ceux qui sont 'spirituels' sont troublants.! C'est sur de telles pensées que je construisais ma façon tordue de juger tout ce qui touche au monde spirituel. Comme approchait le moment du voyage et que je n'avais trouvé aucune excuse valable à présenter, j'ai réalisé que je serais obligé d'y participer, que cela me plaise ou non.

Si à mon avis quelque chose n'était pas de Dieu, je n'en démordais pas. Je savais, tout simplement, que jamais Il n'agirait en dehors de *mes* convictions personnelles. Après tout, n'était-ce pas Lui qui avait mis ces convictions dans mon cœur ? J'estimais par conséquent qu'en ma qualité de pasteur, je devais rester sceptique. Je m'étais convaincu que je ne faisais qu'agir dans le plus grand intérêt de Dieu, afin de protéger Son peuple de tout déséquilibre.

Voyage à Pensacola

A ce point de mon récit, vous avez besoin d'en savoir un peu plus à mon sujet. Ayant donné mon cœur à Jésus à l'âge de 7 ans, je n'ai jamais connu de problèmes sérieux. J'étais fidèle à Dieu et à mon église. Dès mon adolescence, j'avais reçu le baptême du Saint-Esprit, avec l'évidence du parler en langues. Puis, le Seigneur m'avait appelé au ministère mais, après le Lycée, j'ai choisi des études laïques plutôt que le Collège Biblique. Le Seigneur ne cessait de me rappeler mon appel, mais je le repoussais toujours. Pour être franc, je n'avais aucune envie d'aller dans une Ecole Biblique et j'ai fini par faire un compromis avec Dieu en étudiant la psychologie. Seulement, au bout de deux ans de cette formation, je me sentais misérable, et je savais pourquoi. Alors, cédant enfin, j'ai dit à Dieu que j'étais décidé à entrer dans le ministère. J'ai changé d'orientation, renoncé à ma formation de psychologue et suis allé au Collège Biblique, d'où je suis sorti diplômé en 1984. D'abord pasteur des jeunes dans une grande assemblée à l'Est de Dallas, de 1982 à 1987, j'y ai appris toutes les ficelles du métier. Puis en 87, j'ai rejoint l'équipe de l'Assemblée de Dieu de Lakewood, sous l'autorité de Ron Crawford, nouvellement élu comme pasteur principal. Au début, je fus responsable des enfants et des jeunes, puis de la branche de l'éducation et, de façon plus générale, j'étais pasteur assistant. L'assemblée de Lakewood a été pour moi et ma famille un soutien merveilleux, incroyable.

En regardant en arrière, je réalise que j'étais quelqu'un de cynique, toujours négatif. Je ne pouvais pas imaginer qu'il puisse y avoir sur terre un meilleur chrétien que moi ! Quel orgueil ! Cette façon de penser, loin de me rapprocher de Dieu, m'installait dans un état de lamentable tiédeur. Avec les années, j'avais adopté une attitude de laisser-aller à l'égard des disciplines spirituelles telles que la prière et l'adoration. Je me contentais facilement de prier cinq minutes par jour ; quant à l'adoration, elle se bornait à guère plus que trois cantiques au culte du Dimanche. Malgré la pauvreté de ma vie personnelle, j'étais toujours le premier à évaluer l'état spirituel de ceux qui m'entouraient. Je ressemblais vraiment aux Pharisiens et aux Sadducéens que Jésus décrivait comme discernant bien les imperfections d'autrui, mais totalement aveugles sur leurs propres faiblesses.

Les années passant, je devins de plus en plus critique envers les autres ministères et les membres de notre église. Je tolérais difficilement les fautes des frères et sœurs mais, pour moi, je m'accordais une grande marge d'erreur. Et cet esprit religieux et critique finit par rejaillir sur différents domaines de ma vie. Quand vous ne cessez de juger et critiquer tout le monde, il y a de fortes chances que votre propre cœur abrite des péchés et autres problèmes. Je distingue clairement aujourd'hui le sentier qui m'entraînait à la destruction. A ce moment-là, honnêtement, je n'en étais pas conscient. Le Seigneur m'a ouvert les yeux.

Comme tant d'autres dans les églises, j'avais besoin de programmes attrayants. J'aimais les films et, à mes jours de repos, j'allais voir les derniers sortis ou je louais deux ou trois vidéos. Ma pudeur s'estompait. De même qu'un drogué a besoin de doses de plus en plus fortes pour « s'évader » il me fallait des spectacles de choc et j'ai commencé à prendre goût aux films douteux. J'étais engagé dans une double vie. Toujours prêt à juger ceux qui se livraient à la pornographie, je ne trouvais rien de mal à regarder une femme nue dans un film. En 1 Timothée 4 v.2, l'Ecriture parle de *« faux docteurs, portant la marque de la flétrissure dans leur propre conscience ».* J'aurais clamé matin et soir que je n'étais pas dans cet état-là, pourtant c'était la vérité ! Je me mentais à moi-même sur ce que Dieu attend de ceux qui Le servent. Comme beaucoup, j'adaptais Sa Parole selon mes convenances et me justifiais de mes actes par l'Ecriture, au lieu de la prendre comme règle de conduite. Je ne peux pas dire à quel point j'ai été près d'être un réprouvé.

J'étais chaque jour un peu plus misérable, irrité sans raison apparente. Ma femme et mes enfants devaient subir mes sautes d'humeur. Vous estimez qu'un prédicateur de l'évangile devrait savoir mieux se conduire et, vraiment, je l'aurais dû ; mais j'étais pris au piège : la convoitise, la critique, la colère et le découragement s'étaient installés en moi et je n'en avais plus le contrôle. Or, j'exerçais un ministère d'éducateur. Très actif dans l'église, je formais de beaux plans et de vastes programmes. Encore aujourd'hui, on vient parfois me dire : « Je me rappelle quand vous faisiez ceci ou cela. Quel magnifique ministère ! » Je faisais tout 'comme il faut' mais je n'étais qu'un rétrograde, je le savais. Comment en étais-je arrivé là ?

Les années passaient rapidement et je me suis retrouvé dans un état d'épuisement ; je réfléchissais : une année sabbatique, à l'écart du ministère serait peut-être la meilleure formule ? (J'ai appris, depuis, que le fait d'être épuisé est quelquefois une bonne indication du quotient spirituel de quelqu'un). C'est triste à dire, mais le mien était à zéro.

C'est dans cette période d'incroyable frustration que survint l'invitation à la conférence de Brownsville. C'était le temps parfait de Dieu. Les semaines précédentes, le Seigneur commençait à m'attirer plus près de Lui. Il m'arrivait de me rendre au sanctuaire pour prier, ce qui n'était pas mon habitude. Durant un de ces entretiens avec Lui, je Lui ai avoué que j'étais fatigué de ma vie hypocrite et que, si rien ne se passait lors de ce voyage, je serais prêt à abandonner le ministère. Mais Dieu me parlait d'un nouveau commencement … J'ignorais que ce fût possible. Dans Sa grâce, Il préparait le terrain de mon cœur. A ma grande surprise, les jours précédant le départ, je me réjouissais de plus en plus. Je savais que, dans un sens ou dans l'autre, une décision surviendrait pendant ce séjour.

UNE PERSPECTIVE NOUVELLE.

Le deuxième Mardi de Novembre 1996, nous sommes arrivés à Pensacola, nous étions trois : mon pasteur principal, Ron Crawford, le pasteur des jeunes et moi-même. Après avoir passé à l'hôtel, nous avons soupé et nous sommes rendus à la réunion dans l'Assemblée de Dieu de Brownsville. Il était 19 heures et l'église était comble. A l'intérieur, une atmosphère incroyable, pleine de joie et d'anticipation. Les lumières baissèrent et la chorale a entonné le chant « Lord, have mercy ! » (Seigneur, fais-nous grâce !) tandis qu'on sortait les bannières. Mon cœur fondait à la vitesse où le Seigneur commençait à le pénétrer. Moi qui m'attendais à me sentir condamné, c'est la chaleur incroyable de Son amour qui m'envahissait !

Ce soir-là, on aurait pu croire que le sanctuaire était rempli d'inconvertis, plutôt que de prédicateurs. L'évangéliste Steve Hill n'a fait aucune pression, il a simplement dénoncé nos péchés et nous a appelés à nous repentir. Quand vint le moment de l'appel, convaincu par le Saint-Esprit, je me suis avancé vers l'autel, comme des centaines d'autres pasteurs. Ce soir-là, ma prière est montée, très simple : « ô Dieu, accorde-moi encore une chance ! » Plus qu'une reconsécration, c'était comme une nouvelle naissance. Après l'appel, les équipiers locaux se sont mis à prier pour tous ceux qui le désiraient. L'homme qui pria pour moi parlait avec douceur. Il posa délicatement ses doigts sur ma tête et, tandis qu'il priait, je suis tombé sans bruit dans le repos de l'Esprit.

Le Mercredi, second jour de la conférence, nous avons suivi plusieurs enseignements, donnés par l'équipe de l'église ou des visiteurs de passage. Le soir, nous étions décidés à arriver assez en avance pour trouver des places là où le fleuve avait commencé à couler, le fameux et glorieux Dimanche de la Fête des Pères de 1995, où ce réveil avait éclaté. Nous nous sommes donc installés sur des sièges pliables, assez près de l'estrade pour poser nos pieds sur ses marches. A l'appel, ceux qui occupaient ces sièges furent priés de les emporter avec eux et de prendre la queue tout au fond de la salle. Or, il y avait une telle foule devant l'autel que nous avons décidé de rentrer nous coucher et personne n'a donc prié pour nous ce soir-là.

Quand je me suis réveillé, vers 7 heures, le Jeudi matin, la présence de Dieu me couvrait entièrement. Allongé sur mon lit, je L'ai entendu parler à mon cœur avec une clarté étonnante. Il me demanda si j'étais prêt à confesser mes péchés à mon pasteur et j'ai répondu : « Oui, je le ferai ». Alors, le Seigneur et moi nous sommes mis d'accord que cette confession se fasse à notre retour à Dallas. Impossible de décrire le poids énorme qui m'a été enlevé à cet instant ! Il vient une paix profonde à se savoir en règle avec Dieu.

UN REVEIL BRUTAL.

Assis au bord du lit, j'ai remarqué qu'une de mes jambes tremblait légèrement, ce qui ne m'était jamais arrivé. Ne comprenant pas ce qui se passait, j'ai essayé de l'immobiliser, mais en vain. Quelques instants plus tard, ce fut au tour de l'autre jambe. Alors je me suis dit qu'une bonne douche allait ramener le calme, que l'eau chaude détendrait mes muscles et mettrait fin aux tremblements. Je me suis donc dirigé vers la salle de bains et me suis placé sous la douche pour voir si le problème cesserait. Mais ce fut le contraire : mes deux jambes ont été saisies de secousses si violentes que j'ai dû m'appuyer contre la paroi pour ne pas tomber et me rompre le cou. Rien n'y fit ! J'avais maintenant un sérieux problème. Au bout d'un moment, par miracle, j'ai réussi à sortir de la douche et à regagner mon lit.

Si vous m'aviez connu, vous auriez su que j'étais quelqu'un d'obstiné. J'étais bien décidé à ne pas laisser ces tremblements troubler ma tranquillité. Ici, je dois prendre un instant pour expliquer comment nous étions installés à l'hôtel : le pasteur des jeunes et moi partagions une chambre avec deux lits superposés, le pasteur Crawford ayant sa propre chambre. Vous l'avez deviné, j'occupais justement le lit du haut ! Perturbé par mon nouvel handicap, j'ai eu grand peine à enfiler mon pantalon sur des jambes qui ne cessaient de s'entrechoquer, et j'ai fini de m'habiller. Me voilà prêt à entreprendre la descente de la petite échelle toute raide. Sans que je le sache, ce fut sûrement là que des anges vinrent à mon secours pour la première fois. Avec d'infinies précautions, je suis arrivé en bas et me suis installé sur le canapé du living.

Toujours au lit, et ne comprenant pas pourquoi j'avais fait tant de raffut au-dessus de lui, mon collègue m'a regardé, en me demandant si tout allait bien. Je lui ai répondu que oui, mais que je ne parvenais pas à arrêter mes jambes de trembler. Jusqu'à ce jour, j'avais pour habitude d'absorber au réveil une canette de Dr Pepper, que j'appelais mon café matinal. Alors, je suis allé en chancelant vers la kitchenette, j'ai pris mon Diet Pepper au frais et, après en avoir avalé une gorgée, je l'ai posé sur le comptoir. Au moment où la boîte a touché le comptoir, j'ai été projeté en arrière contre la porte du réfrigérateur. Littéralement jeté par terre ! A l'époque je n'avais aucune idée de ce qui m'arrivait.

Les heures qui suivirent ne peuvent être qualifiées autrement que de violentes. Il me semblait être pris dans un match de lutte où j'étais dans l'incapacité de me défendre. Mon corps, tordu et contusionné pour avoir été, cette fois, projeté contre le placard, s'est mis à rouler par terre. A ce moment-là, j'ai compris ce que Jacob avait pu ressentir lors de sa lutte avec l'Ange de l'Eternel. J'avais complètement perdu le contrôle de mon corps. Je restais les yeux fermés, la langue comme paralysée, ne pouvant ni voir, ni parler. Mes oreilles, par contre, fonctionnaient normalement et j'ai entendu l'autre pasteur sortir et fermer la porte. Je me suis dit : « Tant mieux, laisse-moi seul dans l'état où je suis ! »

Seulement, après m'avoir observé quelques minutes, il était allé appeler le Pasteur Crawford et, bientôt, je les entendis revenir. J'étais toujours incapable d'ouvrir les yeux ou de dire un mot ; mais j'ai entendu mon pasteur prier pour moi… Et ce n'est que 5 heures ½ plus tard que j'ai enfin retrouvé ma liberté de mouvement ! Les événements de ce fameux jour ont changé ma vie à jamais. Le

Servir avec les Anges

Seigneur a parlé et Il a opéré une œuvre incroyable dans cette chambre d'hôtel ! Nous y avons vécu des moments de fou rire et d'autres, d'intense prière. Il y a eu des proclamations prophétiques extraordinaires mais, plus que tout, ce fut un temps de délivrance. Il me fallut plusieurs mois pour finalement réaliser ce qui m'était arrivé en ce jour inoubliable. Ce que je sais, c'est qu'avant, j'avais un problème avec la convoitise, mais il avait disparu ! L'esprit critique s'était envolé, ainsi que l'esprit religieux. C'est Dieu qui m'a délivré Lui-même en ce jour béni ! Aujourd'hui, j'ai compris qu'Il avait dû envoyer au moins deux anges pour combattre les démons que, sans le savoir, j'avais accueillis dans ma vie. Ils s'étaient attachés à moi ; mais, après, quelle délivrance !

Comme vous allez le voir dans les prochains chapitres, Dieu S'est servi des événements de ce fameux Jeudi comme catalyseur pour déverser une nouvelle vie sur notre congrégation.

Chapitre 3

APPEL A LA PRIERE

« Moi Je reprends et Je châtie tous ceux que J'aime. Aies donc du zèle et repens-toi. Voici, Je Me tiens à la porte et Je frappe : si quelqu'un entend Ma voix et ouvre la porte, J'entrerai chez lui, Je souperai avec lui et lui avec Moi. Celui qui vaincra, Je le ferai asseoir avec Moi sur Mon trône, comme Moi J'ai vaincu et Me suis assis avec Mon Père sur Son trône ».

Apocalypse 3 v.19-21.

Environ deux semaines après le voyage à Pensacola, le Seigneur a dit à mon épouse et à moi-même de vendre notre maison pour nous rapprocher de l'église. Nous habitions à la campagne, une belle propriété de trois hectares, à 35 minutes de Dallas. C'était l'endroit rêvé pour élever nos trois enfants : Andréa, Aaron et April. Nous avions une réserve de pêche personnelle, des écuries avec des chevaux, des chiens, et suffisamment de prés pour quelques têtes de bétail. Nous avions même un terrain de Base-ball privé, pour que la petite équipe de notre fils puisse s'entraîner. Nos enfants aimaient cette vie à la campagne et nous aussi. Nous venions d'investir environ 40.000 $ pour remodeler entièrement la maison et nous projetions d'y passer notre retraite. Mais le Seigneur avait d'autres projets ! Il nous a dit de repartir en ville, alors nous avons obéi.

Paradoxalement, cela ne nous fut pas difficile. Autant nous étions attachés à cette demeure et à nos plans pour l'avenir, autant nos cœurs étaient transformés pour embrasser l'ordre du Maître. Nous étions impatients de trouver un acquéreur !

Une des premières métamorphoses que j'ai remarquées en moi après notre retour de Brownsville, fut un profond désir de prier. C'était fantastique ! Avant ce voyage, ma prière se bornait à 5 mn par jour, en comptant l'action de grâces avant les repas. Mais brusquement, une soif ardente de passer du temps avec le Seigneur occupait le centre de ma vie. Notre équipe pastorale se mit à prier ensemble pendant plusieurs heures, chaque matin de la semaine, avant de gagner nos bureaux. En outre, dans les deux semaines suivant notre retour, nous avons commencé à nous réunir, toute l'église, pendant deux heures le Samedi soir, pour intercéder. Ces heures étaient consacrées à chercher la face de Dieu pour les cultes du lendemain. Nous passions encore ½ heure à 1heure à prier avant et après chaque réunion du matin et du soir, le Dimanche et le Mercredi. Je ne raconte pas cela pour nous vanter, nous étions simplement assoiffés de Dieu !

A mesure que cette soif grandissait en moi, je me mis à prier avec l'intelligence et aussi par l'Esprit. Puis je me suis aperçu que ma prière en Langues se développait en plusieurs langues différentes. En fait, plus je m'y employais, plus de langues je me mettais à parler.

Appel à la prière

Durant un temps de prière donné, il m'arrivait souvent de m'exprimer en au moins vingt langues différentes. C'était pour moi une expérience toute nouvelle, dont j'ai mis des mois à découvrir la signification. Le même phénomène se produisait aussi pour presque tous ceux qui priaient avec nous : ils remarquaient une expansion dans la diversité des langues.

Vous rappelez-vous comment, avant, j'étais occupé et actif ? Eh bien, au fur et à mesure de ma consécration à la prière, les semaines passant, le Seigneur a commencé à me parler de laisser de côté plusieurs aspects de mes responsabilités de leader dans notre assemblée. Il voulait me voir concentré sur Lui, passant de plus en plus de temps dans la prière. Dieu me formait à Son école. Le pasteur Crawford fut complètement en accord avec cette transition par laquelle le Maître me faisait passer. Sous Sa direction, je me suis mis à étudier la Parole et à lire plusieurs livres chaque semaine, sur le mouvement qu'Il opérait. J'ai sorti de ma bibliothèque une quantité d'ouvrages, pour les remplacer par ces nouveaux auteurs dont, pour la plupart, je n'avais jamais entendu parler. Avec chaque leçon que je recevais à Son école, miraculeusement, l'Esprit ouvrait mon esprit à certains passages de l'Ecriture, et de ces auteurs consacrés.

Au niveau de l'église, nous ne connaissions presque rien de l'intercession. Alors, dans notre ignorance, nous avons demandé au Seigneur qu'Il nous apprenne à prier… et Il l'a fait ! Nos moments de prière s'enrichirent de beaucoup d'expériences qui nous étaient inhabituelles. Par exemple, nous étions fréquemment plusieurs intercesseurs à prier ensemble dans une même langue inconnue et, comme par coïncidence, la plupart ont reçu le don de diversité des langues.

Servir avec les Anges

Une autre expérience inattendue fut la survenue de visitations angéliques. Peu de temps après, le Seigneur commença à montrer au Pasteur Crawford, qui avait toujours possédé une onction de visionnaire, les plus extraordinaires révélations dans le monde spirituel. Il se mit à voir affluer les anges au cours de nos moments de prière, aussi bien que pendant l'adoration. Plusieurs, dans l'église, commencèrent également à les voir. Un Samedi soir, un de nos membres, d'origine Espagnole, avait amené à la réunion de prière un pasteur venu du Mexique (qui ne parlait pas l'anglais). Au moment où il entrait dans le sanctuaire, les anges sont immédiatement venus le saluer. Vous auriez dû voir la joie sur son visage ! Il est reparti à Mexico pour parler à son église et à ses amis pasteurs, des anges qu'il avait vus. C'était pour nous une confirmation que nous n'étions pas en train de nous faire des idées, ni n'étions l'objet d'une espèce de « pensée de groupe ». Dieu est bon, car Il teste notre foi, mais nous donne également des confirmations au moment où nous y pensons le moins.

Le Seigneur m'a instruit, au moyen du don de discernement des esprits, à détecter lorsqu'un ange était près de moi. Quand je ne les voyais pas, Il m'apprenait à discerner leur présence. Et très souvent, après la prière, le pasteur me disait qu'il avait vu un ange au-dessus de moi, au moment où j'avais ressenti sa présence. A d'autres occasions, je lui demandais s'il avait vu quelque chose et sa réponse correspondait exactement à ce que j'avais perçu : un ange s'était tenu à mes côtés. De telles confirmations ont vraiment contribué à fortifier ma foi.

Nos temps d'intercession ont pris une dimension spectaculaire avec l'arrivée des anges. Certains diront qu'il ne s'agissait de rien de plus

Appel à la prière

qu'une forte onction, cependant, l'onction repose avec une grande puissance sur les anges, et leur présence dans les temps de prière était caractéristique. Par exemple, une augmentation du nombre de langues dans lesquelles nous nous exprimions ; des sons et bruits étranges se faisaient entendre. Je crois qu'ils étaient des échos de l'activité céleste. Il arrivait souvent qu'au moment où ils venaient, tout le groupe de prière sentait intérieurement une puissante élévation dans l'Esprit. Avec les anges vient une augmentation immédiate du volume et de la rapidité des langues et aussi de leur nombre (diversité des langues). La pièce, par exemple, peut être plongée dans le silence durant un moment de prière, les uns et les autres étant dispersés et priant à part en silence. Mais soudain, chacun se met à prier à voix forte, avec des chants, ou des supplications dans l'intercession. Aucun de nous n'a initié ce déclenchement simultané d'intercession et d'adoration passionnées.

Les anges apportent encore une onction puissante pour l'agrément dans la prière, et des choses incroyables se passent lorsqu'ils se joignent à nous dans l'intercession. Quand les anges guerriers viennent, les intercesseurs réagissent fréquemment en se mettant à danser et à bouger les bras. Quand il s'agit d'anges chargés de l'adoration, nous nous mettons spontanément à chanter dans l'Esprit avec force.

Il arrive également parfois que leur venue signifie une visitation imminente du Seigneur Jésus-Christ en personne. En plusieurs occasions, Il a envoyé Ses anges en premier, pour nous préparer, en augmentant l'onction sur nous, en nous revêtant d'un manteau spirituel. Exactement comme le père du fils prodigue avait ordonné à ses serviteurs de le revêtir de la plus belle robe.

> « Mais le père dit à ses serviteurs : apportez la plus belle robe et l'en revêtez ; mettez-lui un anneau au doigt et des souliers aux pieds ».
>
> *(Luc 15 v.22).*
>
> « Et je dis : Qu'on mette sur sa tête un turban pur ! Et ils (les anges) mirent un turban pur sur sa tête et ils lui mirent des vêtements. L'ange de l'Eternel était là ! »
>
> *(Zacharie 3 v.5).*

Ces instants où le Père nous attire individuellement dans Sa présence sont intenses et extrêmement précieux... Je suppose, ami lecteur, que vous avez poursuivi votre lecture sans problème jusqu'aux deux paragraphes qui précèdent. Mais je devine certaines questions que vous pouvez vous poser :

1) Les anges prient-ils et intercèdent-ils comme les humains ?

2) Est-il Biblique d'entendre des sons étranges ?

3) La diversité des langues, n'est-ce pas lorsque Dieu accorde miraculeusement

à des missionnaires la faculté de parler une langue étrangère ? etc...

Soyez patient avec moi. Lisez la suite en faisant confiance au Seigneur et Il vous donnera les réponses à ces questions, et à beaucoup d'autres.

Chapitre 4

DIVERSITE DES LANGUES

« ... A un autre l'opération de miracles ; à un autre la prophétie ; à un autre le discernement des esprits ; à un autre la diversité des langues ; à un autre l'interprétation des langues... »

1 Corinthiens 12 v.10.

SOYONS HONNÊTE

Quatre-vingt-dix pour cent des membres d'églises ignorent tout de la diversité des langues comme don spirituel, de son but et de son rôle dans le Corps de Christ. L'enseignement reçu par nombre de Pentecôtistes et de croyants remplis de l'Esprit est que 'le parler en langues' est 'le signe initial' du Baptême dans le Saint-Esprit ; mais ils ne savent rien du don de la diversité des langues. De plus, les croyants négligent souvent d'adorer ou de prier dans la langue qu'ils ont reçue avec le baptême de l'Esprit. Cette négligence, d'une part et, d'autre part, l'ignorance de l'importance qu'il y a à prier en langues, explique facilement le manque d'enseignement et de compréhension du don des langues multiples. J'insiste sur le fait que la langue inconnue qu'un croyant reçoit lors de son baptême du Saint-Esprit N'EST PAS le même don que la diversité des langues.

Heureusement pour moi, j'avais une mère qui n'avait aucun problème à prier par l'Esprit ... à haute voix. J'étais toujours émerveillé de voir comment le niveau de puissance et d'onction augmentait lorsqu'elle priait ainsi. Notre famille faisait partie également de ces quelques rares assemblées Pentecôtistes où l'on adorait parfois en langues tous ensemble. Très peu des églises remplies de l'Esprit que j'ai visitées, ont ce simple degré de liberté spirituelle.

Alors, soyons honnêtes. Le parler en langues ne fait pas partie du programme quotidien de la majorité des chrétiens baptisés du Saint-Esprit. J'étais, personnellement, très négligent quant à la prière et plus particulièrement la prière en langues ; et quand je le faisais, mon langage de prière était sans surprise. Je veux dire par là que je savais à quoi m'attendre comme sons et je pouvais aussi reconnaître une quantité de mots, même si j'en ignorais le sens.

En grandissant, j'ai toujours considéré 'la diversité des langues' comme un langage exceptionnel que quelqu'un reçoit au moment de donner un message en langues dans l'église ou, comme j'en parlais plus haut, une langue étrangère reçue pour la mission.

C'est seulement deux jours après notre retour de Pensacola que je me suis aperçu que je m'exprimais en plusieurs nouvelles langues. Ces prières venaient du plus profond de mon être, pas juste de mes lèvres. Alors, en étudiant les Ecritures, j'ai découvert qu'un endroit particulier, au milieu de l'abdomen, était le point où habite l'esprit de l'homme.(*)

> « L'esprit de l'homme est une lampe de l'Eternel. Il sonde jusqu'au fond des entrailles »
>
> Proverbes 20 v.27.
>
> « Celui qui croit en Moi, des fleuves d'eau vive couleront de son sein, comme dit l'Ecriture » (en anglais : 'de son ventre')
>
> Jean 7 v.38.

(*) Point que l'on appelle en français 'le Plexus solaire' – ndt.

Or, j'ai réalisé avec émerveillement que prier par l'Esprit en diverses langues, c'était comme voler en pilotage automatique. Moins je faisais d'efforts dans ma prière, plus le Saint-Esprit S'élevait avec puissance en priant par ma bouche. C'est Lui qui jouait le rôle d'intercesseur, avec très peu d'effort de ma part. Même si cette nouvelle capacité me permettait de prier plusieurs heures d'affilée, mon corps n'était pas habitué à une telle force du Saint-Esprit se manifestant à travers lui. C'étaient de vraies séances d'entraînement, mais j'aimais ça ! Comment se déroulait cette prière ? Je m'allongeais par terre et l'onction d'intercession venait sur moi. Dans mon cas, l'onction venait lorsque j'étais allongé. Pour d'autres, la position corporelle semble sans importance. Des mois plus tard, le Seigneur m'a appris que cette position que je prenais pour prier était associée prophétiquement à mon appel personnel. Cette 'onction turbo' pour l'intercession m'était envoyée dès que j'étais allongé par terre pour m'adonner à la prière par L'Esprit.

La 'prière-turbo' d'intercession est quelque chose de surprenant à observer, mais encore plus incroyable à vivre ! Des langues de toutes sortes se mettent à jaillir de ma bouche avec rapidité. C'est comme si je parlais couramment toutes ces langues, prononçant sans le moindre effort des centaines de mots et de phrases. Je parle avec assurance et autorité. Tout mon corps est secoué, alors que l'onction d'intercession grandit et augmente. Il n'est pas inhabituel de voir des croyants secoués de forts tremblements. Les langues peuvent avoir une intonation slave, orientale, française, indienne, ou autre encore. Dans les premiers temps, nous priions presque tous dans ce qui ressemblait à un dialecte Coréen ou Chinois. Il était fréquent qu'un intercesseur s'exprime en plusieurs différentes langues pendant un moment de prière donné. L'apôtre Paul débute son fameux chapitre de 1 Corinthiens 13, sur l'amour, par ces mots : *« Quand je parlerais les langues des hommes et celles des anges…»* nous savons donc que Paul parlait dans ces diverses langues.

La plupart du temps, nous prions ensemble, même si nous nous réservons des moments pour prier seuls. En tous cas, le don de diversité des langues a un pouvoir incroyable dès que deux, ou davantage, l'exercent ensemble. Par exemple, il est souvent arrivé que plusieurs intercesseurs emploient la même langue en même temps : ce qui produit un formidable accord dans la prière. Nous avons aussi expérimenté des pics et des vallées dans nos sessions de prière. Je veux dire qu'il peut y avoir un grand calme pendant un moment, lorsque chacun prie indépendamment des autres et, soudain, une vague d'onction vient frapper simultanément plusieurs d'entre nous et c'est une explosion du volume de la prière. Puis, tout aussi rapidement, tout redevient tranquille. C'est un vrai miracle à observer. L'Esprit du Seigneur orchestre magnifiquement nos prières !

Jésus décrit de quelle manière la prière devrait s'exercer :

> *« Je vous le dis encore : si deux d'entre vous s'accordent sur la terre concernant une chose quelconque qu'ils demanderont, elle leur sera accordée par Mon Père, qui est dans les cieux ».*
>
> Matthieu 18 v.19.

Le mot grec pour « s'accorder » est *sumphoneo*, qui signifie être en harmonie, ou d'accord ensemble. Pasteur Crawford compare cette forme de prière à une symphonie, où le chef d'orchestre conduit tous les instruments à former ensemble des sons harmonieux et glorieux. Comme un compositeur qui mêle la mélodie et l'harmonie pour créer un magnifique morceau de musique. On ne peut pas décider que la prière prendra cette tournure, elle n'est suscitée et entretenue que par le Saint-Esprit.

Simplement, nous demandions au Seigneur de nous apprendre à prier et voilà comment Il nous a enseigné. Il nous a invités à ne pas présenter nos requêtes personnelles lors de nos rencontres, mais de venir dans le sanctuaire et de prendre du temps pour prier, prier, prier !

Lorsque nous nous réunissons dans ce but, ce n'est pas pour un moment de communion fraternelle, ni pour partager les uns avec les autres nos sujets de prière personnels. Nous nous mettons directement au travail dans la prière. Et nous ne prions pas selon nos désirs, mais selon les désirs de l'Esprit. Les chrétiens ont pris l'habitude de noter leurs requêtes particulières sur papier, et les membres de l'équipe les apportent au Seigneur en dehors des temps prévus pour nos prières en commun. Nous N'INTERROMPONS JAMAIS les temps de prières que le Saint-Esprit dirige.

Notre objectif majeur est de toucher le cœur du Père par notre adoration et de crier vers Lui pour que SES plans s'accomplissent sur la terre, comme ils le font au ciel. C'est notre unique programme pour ces rencontres. Il peut nous arriver, de temps en temps, de mentionner un sujet qu'il est bon de présenter en tant qu'église, mais cette sorte de requête est, d'ordinaire, communiquée lors d'un culte dans l'assemblée.

Ce qui est extrêmement intéressant, c'est que, lorsque se manifeste ce don particulier, nos esprits semblent communiquer entre eux. Il y a des moments où je sais exactement avec qui je suis en accord dans la prière, et nous pouvons même tenir une conversation entre nous par le Saint-Esprit. Nous avons souvent chanté le refrain *'Tous unis dans l'Esprit'* mais, probablement, sans réaliser que prier ensemble en Esprit est un aspect formidable de ce que ces mots signifient vraiment.

Le Saint-Esprit utilise ce don de diversité des langues comme une arme explosive, pour l'intercession, autant que pour le combat spirituel. Il sert de véhicule pour communiquer avec les anges dans leurs propres langages. Or, cette communication avec eux nous a permis de recevoir davantage de révélations de la part du Père et d'intervenir avec une plus grande autorité dans les lieux célestes. Ce don nous a permis encore de nous opposer aux démons avec beaucoup plus d'efficacité. Nous ne comprenons peut-être pas ce que

Diversité des langues

nous disons, mais l'Esprit du Seigneur, oui. Il sait exactement quelles paroles employer.

> *« De même aussi l'Esprit nous aide dans notre faiblesse, car nous ne savons pas ce qu'il convient de demander dans nos prières. Mais l'Esprit Lui-même intercède par des soupirs inexprimables… »*
>
> *Romains 8 v.26.*

Dans le chapitre suivant, nous parlerons davantage du rôle qu'ont joué les langues diverses pour nous rendre capables de communiquer avec les anges. Pour l'instant, voyons comment ce don peut vous aider, vous et votre assemblée, pour le combat spirituel et contre ce qui s'oppose à vos prières. J'ai eu à affronter énormément d'esprits méchants. Les démons et les mauvais esprits ne sont autres que les anges déchus. Comme tout ce qui est du domaine démoniaque, leurs langues qui étaient autrefois célestes, ont été polluées et perverties lors de leur rébellion contre Dieu.

Par le don de diversité, le Saint-Esprit s'adresse à eux dans leur propre langage. Vous vous demandez peut-être en quoi une telle capacité est souhaitable. Eh bien, quand vous êtes en présence d'un démon dans le monde invisible, dans un combat pour une délivrance, par exemple, votre autorité est plus grande si vous lui parlez dans sa propre langue. Vous ignorez sans doute ce que vous dites, mais vous pouvez être sûr que le Saint-Esprit sait exactement comment lui parler. Il arrive, d'ailleurs, qu'Il nous en donne l'interprétation. Personnellement, que je le sache ou non n'a pas d'importance. Ce que je sais, c'est que l'ennemi obéit au Saint-Esprit qui lui parle directement à travers moi.

Servir avec les Anges

Je suis persuadé qu'avec le temps, et plus nous parviendrons à saisir l'ampleur de ce don de diversité des langues, nous nous émerveillerons de voir à quel point il est vital pour nos interventions dans le monde surnaturel. Je peux pressentir des ministères de délivrance qui opéreront avec bien plus de rapidité. Le Saint-Esprit sait ce qu'il faut faire et comment aller droit au but ! Dans un certain cas où j'exerçais ce ministère, la personne pour qui je priais a été remplie du Saint-Esprit au cours de sa délivrance. Quelques instants plus tard, je pus communiquer avec son esprit au sujet de ce qui se passait en elle. Ces choses ne sont pas faciles à expliquer par écrit, mais beaucoup parmi vous auront l'occasion de vivre des situations similaires.

(Pour en connaître plus sur ces langues célestes, je vous recommande vivement de vous procurer le récent ouvrage du pasteur Ron Crawford : **<u>Divers Tongues</u>**, que vous pouvez obtenir à : The Fathers Church – 2707 Abrams Road, DALLAS, TX 75214.

Téléphone : 001 - 214 821-5290.

Chapitre 5

BIENVENUE AUX ANGES!

« Il y eut une grande clameur, et quelques scribes du parti des Pharisiens s'étant levés, engagèrent un vif débat et dirent : 'Nous ne trouvons aucun mal en cet homme ; peut-être un esprit ou un ange lui a-t-il parlé ? »

Actes 23 v.9.

Ce fut peu après le voyage de Pensacola que les anges ont commencé à manifester leur présence. Ils se tenaient souvent au-dessus de moi et, à certains moments, ils me parlaient. Ils m'apportèrent des messages de la part du Seigneur, en me transmettant Sa paix, Son amour et Son réconfort. Ils venaient aussi avec des prophéties et de fraîches révélations de la Parole. Ces merveilleuses visitations angéliques devinrent bientôt quotidiennes et le Seigneur déversait dans mon cœur beaucoup de vérités qui Lui étaient très précieuses. J'ai reçu de nombreuses prophéties concernant ma vie, notre église, ainsi que des événements qui se préparent pour la terre et dans le ciel.

Servir avec les Anges

Le corps humain, généralement, réagit en présence de la gloire et de la puissance de Dieu ; et les anges venaient régulièrement revêtus de Sa puissance et de Sa gloire. Des multiples passages de l'Ecriture qui en parlent, je citerai l'exemple de Daniel, lorsque ses forces l'abandonnèrent, à la visitation de l'ange :

> *«Comment le serviteur de mon Seigneur pourrait-il parler à mon Seigneur ? Maintenant, les forces me manquent et je n'ai plus de souffle. Alors, celui qui avait l'apparence d'un homme me toucha de nouveau et me fortifia...»*
>
> *Daniel 10 v.17-18.*

J'ai souvent aussi eu des réactions physiques à leur approche. Il a fallu à mon corps un certain temps pour qu'il s'habitue à leur présence. Lors de ces premières rencontres, il m'arriva de rester figé sur place, comme cloué au sol, incapable de bouger. A d'autres moments, mon corps tout entier vibrait pendant que les anges me parlaient. Ensuite, au bout de quelques mois, j'ai réussi à rester davantage maître de moi quand ils se trouvaient là.

Il est arrivé plusieurs fois que ces messagers versent de l'huile sur moi, ou me donnent une nourriture ou un breuvage spirituels. Et ces éléments semblaient fortifier mon corps quand la puissance de la gloire de Dieu était là.

Bienvenue aux anges !

« Et toi, fils de l'homme, écoute ce que je vais te dire ! Ne sois pas rebelle, comme cette famille de rebelles ! Ouvre ta bouche et mange ce que je te donnerai ! Je regardais et voici, une main était étendue vers moi, et elle tenait un livre en rouleau. Il le déploya devant moi et il était écrit en dedans et en dehors ; des lamentations, des plaintes et des gémissements y étaient écrits. Il me dit : Fils de l'homme, mange ce rouleau et va, parle à la maison d'Israël ! J'ouvris la bouche et il me fit manger ce rouleau ».

Ezéchiel 2 v.8, à 3 v.2.

« Et j'allai vers l'ange, en lui disant de me donner le petit livre. Et il me dit : Prends-le et avale-le ; il sera amer à tes entrailles mais, dans ta bouche, il sera doux comme du miel. Je pris le petit livre de la main de l'ange et je l'avalai ; il fut dans ma bouche doux comme du miel, mais quand je l'eus avalé, mes entrailles furent remplies d'amertume. Puis on me dit : il faut que tu prophétises sur beaucoup de peuples, de nations, de langues, et de rois ».

Apocalypse 10 v.9-11.

Aujourd'hui, je ressens la présence des anges, mais il est rare que je réagisse physiquement lorsqu'ils s'approchent. Le Seigneur veut nous voir capables de rester debout pour exercer le ministère, même si tous s'écroulent sous le poids de Sa gloire, quand elle vient sur la réunion. Rappelez-vous les sacrificateurs dans le temple, en 1 Rois 8 v.11, ils ne pouvaient pas se tenir debout pour faire le service, à cause de la gloire de Dieu. Nous devons être capables de servir les autres dans ces moments forts où la gloire est là. Dieu veille à rendre nos corps résistants dès maintenant, en vue de ce qui est prêt d'arriver pour l'église et pour le monde.

Une réalité constante chez les anges, est qu'ils aiment participer à la prière, ce qui ne devrait pas nous surprendre, puisque l'intercession était une des tâches principales de Jésus. D'ailleurs Il continue à intercéder pour nous :

> « *Christ qui est mort, bien plus, Il est ressuscité, Il est à la droite du Père et Il intercède pour nous* ».
>
> *Romains 8 v.34.*

Souvenez-vous du Jardin de Getsémané, où les anges sont venus pour Le fortifier pendant qu'Il intercédait. Ainsi, que ce soit une seule personne qui prie, ou un groupe, ils aiment s'y engager avec nous. Ils se joignent souvent à moi quand je suis encore dans ma voiture, ou quand je monte l'escalier pour gagner mon lieu de prière favori, sur la tribune, prêts à me transporter en Esprit, ou quoique ce soit d'autre que le Seigneur ait prévu pour mon temps de prière de ce jour.

En plusieurs occasions, les anges m'ont fait connaître leurs noms, ce qui arrive souvent avec notre pasteur, mais plus rarement avec moi ; beaucoup de nos intercesseurs ont aussi reçu le nom des anges qui ont prié avec eux. Même si ce n'est pas le plus important, je pense que c'est un moyen que Dieu emploie pour nous dire que nous devons entrer dans une relation plus familière avec Ses messagers. Il dévoile le mystère qui entourait leur réalité et nous attire dans Son royaume.

Je m'empresse de préciser que nous NE PRIONS PAS les anges. C'est le Seigneur qui les envoie. Ils reçoivent de Lui leurs missions. Vous ne pouvez pas ordonner de venir à un ange en particulier. Dieu m'envoyait parfois le même à plusieurs reprises mais, à l'occasion, Il

Bienvenue aux anges !

en choisissait un nouveau. Il est arrivé que Dieu nous demande d'initier la conversation avec les anges. Ce n'est pas à nous de rechercher ce privilège, c'est le Seigneur qui décide et nous Lui obéissons simplement. Dans l'avenir, le Seigneur va souvent envoyer Ses anges dans nos réunions, avec des missions précises à remplir. Il nous instruira sur ce que nous devrons leur dire, ou alors nous dirons simplement : 'Faites tout ce pourquoi le Seigneur vous a envoyés'. Je pense que nous entrerons dans une coopération encore plus active avec eux.

Un autre scénario possible est qu'un ange vienne à une réunion en apportant un cadeau et le remette au pasteur, en lui disant de le donner à son destinataire. Il se peut aussi que le pasteur donne à l'ange la permission de l'offrir à celui-ci directement. C'est le genre de partenariat que Dieu a l'intention d'établir entre Ses anges et nous.

Au début je craignais un peu que le Seigneur pense que je recherchais les expériences avec les anges plus que ma communion avec Lui. Cependant, plus je cherchais Sa face, plus je recevais leurs visites. Le Seigneur ne cessait de me dire que ces rencontres venaient entièrement de Sa part et que je ne devais pas m'en inquiéter. Si c'est Lui qui les contrôle, nous n'avons pas à nous faire de souci au sujet de ces rencontres. Le Seigneur confie à Ses enfants le soin d'exercer le ministère avec Ses messagers célestes. Il s'agit de Son plan, non du nôtre. Il veillera à ce que ce ministère se mette à fonctionner à travers tout le Corps de Christ. La question est alors : « Qui acceptera de coopérer et de prendre le risque inévitable d'être critiqué en s'y engageant ? Le ferez-vous ? »

Servir avec les Anges

A mesure que les anges rendent plus évidente leur présence, nous avons tendance à leur poser des questions. Et le Père céleste ne voit aucun problème à cela. Quelques-uns de nos intercesseurs l'ont fait, et ont obtenu des réponses. Un ange a dit à une sœur de l'église qu'elle pouvait poser des questions, aussi longtemps que celles-ci touchaient à sa vie et à ses projets personnels. Pour ma part, je ne le fais pas à moins d'y être poussé par le Saint-Esprit. Le livre de Zacharie démontre clairement cette vérité. Ce prophète avait posé beaucoup de questions aux anges envoyés pour lui révéler le plan de Dieu le concernant. Et ils avaient répondu à toutes.

Le Seigneur veille attentivement sur ce ministère. Je suis conscient que certains croyants pourraient facilement dépasser les limites et s'égarer hors de Sa volonté ou de Ses voies ; mais je suis persuadé que, si quelqu'un Lui est soumis, ainsi qu'aux leader de l'église, il est en sécurité.

Le Seigneur n'a jamais cessé de m'encourager à avancer avec foi dans cette voie. Jamais Il ne m'a repris ni puni alors que j'apprenais à exercer le ministère avec Ses anges. Il ne s'agit pas d'une science pure, il n'existe aucun manuel sur la bonne manière de le pratiquer. Il n'est sûrement pas possible de trouver un cours sur « Le ministère avec les anges » dans les écoles Bibliques ou les séminaires. Il s'agit d'un terrain entièrement neuf pour l'Eglise du 21ème siècle. Nous savons que cette dimension n'est pas quelque chose de nouveau sous le soleil, mais elle va rapidement devenir primordiale au sein du Corps de Christ.

Lorsque les anges sont venus à nos moments de prière et dans nos réunions, ils nous ont apporté beaucoup de grâces de la part du

Bienvenue aux anges !

Seigneur. Il leur arrive souvent de répandre des onctions sur les croyants. Parfois, c'est un cadeau, portant le nom de celui à qui il est destiné. Certains messagers ont apporté des couronnes, ou des parfums qu'ils mettaient sur nos têtes ; ou ils déposaient des richesses dans notre esprit. Une fois, il m'a été remis une tablette avec l'ordre d'y inscrire quelque chose. J'ai aussi eu des breuvages spirituels à boire, et des rouleaux à avaler. Un jour, j'ai reçu des épées à distribuer aux saints. Ils m'ont encore donné un manteau, que je devais mettre sur notre pasteur. Ce sont des expériences extraordinaires ! Le pasteur Crawford a fréquemment reçu de la part des anges, pour des membres de l'église, des cadeaux qui opéraient comme des paroles de connaissance.

L'activité et le ministère des anges dont nous sommes actuellement les témoins, s'accordent davantage avec les récits Bibliques, que l'engouement moderne pour les sauvetages effectués par des personnages surnaturels. Par exemple, Jésus nous dit que les anges seront les moissonneurs de la grande moisson finale.

> *« L'ennemi qui a semé l'ivraie, c'est le diable ; la moisson, c'est la fin du monde ;*
>
> *les moissonneurs, ce sont les anges ».*
> *Matthieu 13 v.39.*

Quand les anges viennent assister à nos réunions de prière, elles en sont électrifiées et s'élèvent en intensité. Car, en leur présence, nous prions avec plus de puissance et en faisant moins d'efforts. Dès qu'ils sont là, les langues que nous parlons changent souvent subitement pour des langues angéliques. Si les anges sont nombreux, il peut arriver qu'un même intercesseur s'exprime en au moins dix langues différentes :

> *«Quand je parlerais les langues des hommes et celles des anges...»*
>
> *1 Corinthiens 13 v.1.*

C'est devenu un événement courant aujourd'hui de voir les anges dans notre église. Leur participation à nos réunions de prière et d'intercession est un fait. Au début, en général, nous ne discernions pas leur présence. Les fidèles reconnaissaient avoir vécu des moments incroyablement forts dans l'intercession, et ils en parlaient mais, tout d'abord, Dieu ne nous avait pas révélé que ce fait était en relation direct avec la venue des anges.

UNE STRUCTURE D'AUTORITE.

Le Seigneur opère toujours par le biais d'une structure d'autorité. Il est très fort pour établir et respecter l'autorité. Pour commencer, Il a présenté les anges à notre pasteur, ensuite à moi, en tant que pasteur associé. Et ce n'est que des mois plus tard que les intercesseurs ont eux aussi discerné leur présence. Je ne veux pas que vous passiez à côté de ce point, car il s'agit d'une CLEF! Les anges ne suivent rien d'autre que la structure d'autorité ordonnée par Dieu Lui-même. Ils n'iront jamais vers quelqu'un qui est, ou qui essaie d'être, dans une position d'autorité usurpée. Je vous donne là une parole d'avertissement : les anges de Satan – déguisés en anges de lumière – eux, ils LE FERONT !

Bienvenue aux anges !

Bien qu'ils aient commencé à faire connaître leur présence à nos réunions de prières, les anges ont fini par se manifester également aux autres services. Jusque-là, certains avaient pu les voir, ou les percevoir, mais sans qu'ils aient encore pris part au ministère. Il ne fallut pas longtemps, dès lors, pour qu'ils se mettent à servir à nos côtés dans les réunions.

Un certain Mercredi soir, par exemple, sept d'entre eux sont venus se tenir, groupés, à la gauche de notre pasteur pendant qu'il prêchait. Le pasteur les a vus, il a marqué une pause, attendant de voir pourquoi ils étaient venus, mais les anges n'ayant donné aucune indication permettant de croire qu'ils étaient là pour faire quelque chose, il a continué son message. Vers la fin de sa prédication, le Saint-Esprit m'a dit que ces sept anges avaient été envoyés pour faire le ministère à mes côtés, et qu'ils seraient libres de remplir leur mission dès que je monterais sur l'estrade.

Sachant que le Seigneur suit toujours le principe de l'autorité, je me suis mis à prier. Je ne me suis pas précipité à l'avant en interrompant la réunion ; en fait, je n'ai laissé voir à personne que le Seigneur venait de me parler. Au lieu de cela, je Lui ai répondu que si cette parole était vraiment de Lui, le pasteur m'appelle à m'avancer – je ferais alors avec joie ce qu'Il m'avait montré. Au moment où le pasteur congédiait l'assemblée, il m'a regardé et m'a demandé si j'avais quelque chose à partager de la part du Seigneur. Je suis allé vers lui et j'ai invité ceux qui avaient un appel pour le ministère à s'approcher. Aussitôt, la présence de Dieu a rempli le sanctuaire. Après la réunion, le pasteur m'a expliqué qu'au moment où je m'étais avancé, les anges avaient quitté leur position immobile, ils s'étaient placés à mes côtés et s'étaient mis à déverser diverses onctions sur les chrétiens, et aussi sur moi.

Une autre fois, pendant une rencontre de prière du Samedi soir, un groupe de démons entrèrent dans le sanctuaire. (Nous avons malheureusement appris que ceux-ci viennent plus régulièrement assister aux réunions de prières que la plupart des chrétiens). Seulement, avant qu'ils aient eu la moindre chance de faire ce qu'ils voulaient, une armée d'anges est arrivée à toute volée pour les combattre et, en quelques secondes, tous les démons étaient partis. Nous n'avions même pas fait monter une prière spéciale pour les chasser. Dieu a fait Sa part si magnifiquement, en veillant sur nous pour nous protéger !

Dans cet ouvrage, le Seigneur m'a demandé de vous montrer, comme introduction, le premier niveau d'interaction avec Ses anges. Je vous expliquerai d'abord brièvement comment ils travaillent avec nous, dans le domaine des guérisons, des signes et des prodiges. Je vous parlerai ensuite de leur assistance dans les combats spirituels. Dieu veut que Ses enfants se trouvent à l'aise dans une relation avec les anges, au quotidien, ce qui deviendra bientôt un élément habituel de notre vie ; il faut donc que nous soyons prêts et entraînés pour cela.

Avec tout ce que le Seigneur nous a révélé, nous commençons à peine à réaliser ce qu'Il a préparé en notre faveur ! Il est actuellement en train d'ouvrir les cieux à Ses enfants pour qu'ils y entrent et prennent part à Son règne. Beaucoup nieront cette réalité, mais cela n'annule pas l'invitation ouverte du Maître.

Bienvenue aux anges !

Durant les quelques années qui ont suivi notre premier voyage à Brownsville, Pasteur Crawford et moi-même étions les seuls, dans l'église, à recevoir des enseignements approfondis de la part des anges. La congrégation s'est trouvée testée, passée au crible et transformée en un peuple d'adorateurs et d'intercesseurs. Alors, beaucoup ont répondu à l'appel : devenir une armée, au lieu d'être une nurserie !

> *« Vous qui depuis longtemps devriez être des maîtres, vous avez encore besoin qu'on vous enseigne les premiers rudiments des oracles de Dieu ; vous en êtes venus à avoir besoin de lait et non d'une nourriture solide ».*
>
> *Hébreux 5 v.12.*

La formation et les expériences du pasteur Crawford avec les anges différaient des miennes sur bien des points. En premier lieu, mon pasteur est un visionnaire. Il voit dans le monde spirituel avec une capacité qui dépasse la vision la plus claire. Il voit les anges, le Père céleste, Jésus, les vingt-quatre vieillards, et beaucoup des constructions du ciel. Son acuité de vision lui donne d'être extrêmement précis dans les paroles de connaissance et les prophéties. En second lieu, même en ayant dû passer par des combats spirituels épuisants, il a reçu sa formation depuis la perspective du trône de Dieu et a appris comment faire descendre Son règne sur la terre. C'est son appel d'établir le royaume de Dieu ici-bas.

En employant ces termes, je me réfère directement à la prière de Jésus : « Que Ton règne vienne ». En même temps, nous croyons absolument aux prophéties de Daniel et de l'Apocalypse, annonçant littéralement la tribulation, l'Antéchrist et la bataille d'Armaguédon.

De mon côté, l'entraînement reçu a surtout été dans le domaine du combat spirituel. Je me suis trouvé bien souvent dans une lutte corps à corps avec des démons. Le combat que Dieu m'a enseigné est différent de celui qui est enseigné et pratiqué de façon habituelle dans le Corps de Christ. Mon appel est d'entraîner l'armée des saints du Seigneur.

Par grâce, Dieu nous a accordé à la fois la révélation et des missions très pointues dans les lieux célestes. Il y a des moments où nos actions se chevauchent, pendant que nous opérons chacun dans le domaine où Il nous a appelés. Mais, en règle générale, Il veut que nous nous concentrions sur nos propres tâches. Je me soumets totalement aux directions de mon pasteur et leader. Ceci n'est nullement négociable aux yeux du Seigneur. L'ennemi a essayé désespérément de m'écarter du pasteur mais Dieu, par Sa grâce, nous a gardés proches l'un de l'autre. Notre communion a été décrite comme une épée à deux tranchants.

> « *Comme le fer aiguise le fer, l'homme aiguise le courage de son ami* ».
>
> *Proverbes 27 v.17 (anglais)*

Bien-aimés, soyez assurés que vous devez rester en harmonie avec votre autorité spirituelle. Un des meilleurs livres que j'aie lus sur ce sujet s'appelle «A Tale of Three Kings» de Gene Edwards. Je vous le recommande vivement - (ndt. j'ignore s'il existe en Français).

Chapitre 6

SERVIR DIEU AVEC LES ANGES

« Et il me dit : Ces paroles sont certaines et véritables ; et le Seigneur, le Dieu des saints prophètes, a envoyé Son ange pour montrer à Ses serviteurs les choses qui doivent arriver bientôt ».

Apocalypse 22 v.6.

Un des buts et des appels particuliers que Dieu a adressés à notre assemblée est de faire connaître la révélation que le temps vient où les croyants vont exercer le ministère avec l'aide des anges. Dieu a pris plus de quatre ans pour nous préparer à cette mission. Il nous enseigne sur ce sujet de toutes sortes de manières. Ainsi, ceux qui avaient déjà eu des expériences avec des anges, comme ceux qui n'en ont jamais eues, sentent ou perçoivent maintenant leur présence.

En nous plongeant (baptisant) dans ce ministère, le Seigneur nous a montré des choses très importantes : tout d'abord, que le Saint-Esprit est l'Administrateur et Celui qui communique la puissance au règne angélique. Ce que je veux dire, c'est que rien n'arrive parmi les anges, sans que l'Esprit ne le supervise et le permette. Vous ne pourrez recevoir une visite d'un de ces messagers célestes sans que celle-ci soit totalement sanctionnée et initiée par Dieu. Un ange du Seigneur pourra-t-il vous apporter un message qui ne vienne pas de Lui ? NON ! Car une de leurs fonctions majeures est de vous transmettre des messages venant du Trône directement. Ils ne sont ni paraphrasés, ni révisés en aucune façon par celui qui les apporte. Pouvons-nous alors faire une confiance totale aux anges de Dieu ? OUI !

Quelqu'un dira peut-être : « Eh bien, Dieu n'agit pas ainsi : Il ne m'a jamais envoyé un ange, alors pourquoi est-ce que je vous croirais ? » D'autres penseront : « Le seul ange que j'aie jamais rencontré m'a secouru dans une situation grave. Je ne crois pas qu'ils se trouvent impliqués dans toutes les autres missions dont vous parlez ». Si de tels arguments sont exacts, pourquoi croyez-vous en la Bible ? Elle déclare que les prophètes ont cru bien des choses qu'ils n'avaient jamais vues, et qu'ils étaient souvent incapables de comprendre les révélations qu'ils recevaient de Dieu. Les anges eux-mêmes n'ont pas l'intelligence de tous Ses mystères et désirent y plonger leurs regards.

Servir Dieu avec les anges

« Les prophètes, qui ont prophétisé touchant la grâce qui vous était réservée, ont fait de ce salut l'objet de leurs recherches et de leurs investigations, voulant sonder l'époque et les circonstances marquées par l'Esprit de Christ qui était en eux, et qui attestait d'avance les souffrances de Christ et la gloire dont elles seraient suivies. Il leur fut révélé que ce n'était pas pour eux-mêmes mais pour vous, qu'ils étaient les dispensateurs de ces choses, que vous ont annoncées maintenant ceux qui vous ont prêché l'évangile, par le Saint-Esprit envoyé du ciel et dans lesquelles les anges désirent plonger leurs regards ».

1 Pierre 1 v.10-12.

Dieu nous pose une question entièrement différente ; c'est celle qu'Il avait posée à Job :

« Où étais-tu lorsque J'ai posé les fondements de la terre ? Déclare-le, si tu as de l'intelligence ! »

Job 38 v.4.

Je vous encourage à lire le reste de ce chapitre. En réalité, l'Eternel disait à Son serviteur : « Tu n'as pas la moindre idée de ce que Je fais, ni de la manière dont Je l'accomplis ; alors, qui es-tu pour Me demander des comptes ? » Mes amis, vous ne pouvez juger de la validité des œuvres de Dieu d'après ce que vous avez expérimenté ou connu. Basez plutôt votre jugement sur ce que dit l'Ecriture. Comment un enseignement, ou un prédicateur sera-t-il en plein accord avec les vérités de la Parole de Dieu ? En ne mentionnant pas seulement les passages soulignés et prêchés sans cesse, mais tout ce que la Bible dit. Jésus nous a déclaré que les œuvres qu'Il faisait, nous les ferions aussi. Or, Il exerçait Son ministère avec des anges et Dieu désire que l'Eglise l'exerce aussi avec eux.

Servir avec les Anges

> *« En vérité, en vérité, Je vous le dis, celui qui croit en Moi, les œuvres que Je fais, il les fera aussi ; et il en fera même de plus grandes, parce que Je vais auprès de Mon Père ».*
>
> *Jean 14 v.12.*

C'est inimaginable, la manière dont Dieu S'est manifesté envers nous. Il ne m'a pas été nécessaire de convaincre quiconque de nos membres de l'existence des anges, pas plus que de leur ministère à l'égard des saints. Les anges sont une évidence et se montrent

ouvertement. C'est Dieu qui rétablit leur ministère – et à travers toute l'Eglise - que les croyants l'acceptent et y marchent, ou pas.

Dans la première Epître aux Corinthiens, Paul parle des « dons du Saint-Esprit ». Il précise que l'Esprit accorde les dons « de diverses manières, comme Il veut ». Ce que j'ai toujours compris, c'est que ces dons étaient distribués directement aux croyants, sans la nécessité d'aucun « médiateur humain », si je puis dire. Maintenant, peut-être que cette affirmation n'est pas entièrement correcte ? Il y a plusieurs récits ou paraboles, dans la Bible, où des serviteurs sont utilisés pour distribuer des dons, ou accomplir les désirs ou les ordres d'un père. Je pense à Abraham, par exemple, quand il a envoyé son serviteur pour chercher une épouse pour son fils (Genèse 24) – ou les paraboles de Jésus sur le repas de noces et le grand souper (Matthieu 22 et Luc 14) : dans chacun de ces cas, on voit que des serviteurs sont envoyés pour accomplir la volonté de leurs maîtres. C'est là la toute première tâche des anges… obéir aux ordres de Dieu. Ils nous aident à comprendre la dynamique de l'œuvre du Saint-Esprit.

Servir Dieu avec les anges

Il nous faut regarder de près aux fonctions qui Lui reviennent. Il distribue les dons à chacun en particulier, comme Il veut (1Cor.14 v.11). Le Saint-Esprit envoie des anges apporter des dons de guérisons, des miracles, des signes et des prodiges, des onctions et même des paroles prophétiques et autres messages. C'est là un simple exemple des tâches qui leur sont confiées. Evidemment, je ne suis pas en train de vous suggérer que les anges sont un avec le Saint-Esprit ; ce serait absurde. Mais ils fonctionnent comme Ses agents. Ils sont véritablement envoyés pour « exercer un ministère en faveur de ceux qui doivent hériter du salut » (Hébreux 1 v.14).

Jésus déclarait qu'Il allait partout en faisant ce qu'Il voyait faire au Père. Se pourrait-il que dans cette dépendance de Son Père, le Seigneur observait les anges, pour connaître ce qu'ils venaient apporter aux gens ? Dieu nous a fait savoir que, dans leur ministère sous la direction et la puissance du Saint-Esprit, c'était souvent les anges qui étaient chargés d'apporter la guérison aux humains. Si vous voulez bien y réfléchir un instant, vous verrez que c'est une merveilleuse protection pour nous garder de l'orgueil dans le ministère de guérison. En réalisant que nous sommes de simples partenaires avec les anges du Seigneur, et qu'une guérison accordée par Lui n'a rien à voir avec nous, nous ne pouvons que rester humbles. Nous serons capables de reculer d'un pas et de décrire à l'assistance comment les anges se déplacent au milieu d'elle, en distribuant des onctions de guérison. De toutes façons, nous ne faisons pas grand-chose en vérité, sinon d'être obéissants.

A la différence des hommes, qui font confiance à quelqu'un prétendant parler de la part de Dieu, alors que ce n'est pas vrai, les anges connaissent Dieu et ils reconnaissent si c'est le Saint-Esprit qui s'adresse à eux par la bouche d'un humain. Ils n'accepteront jamais des instructions venant d'un esprit humain, mais seulement celles données par l'Esprit de Dieu.

Qu'il n'y ait ici AUCUN malentendu : Dieu veut que nous exercions le ministère avec Ses anges pour accomplir Ses desseins. Seulement quelques exigences sont à respecter : je dois me soumettre à l'autorité qu'Il m'a Lui-même donnée ; il faut que mon intelligence soit renouvelée ; que mes émotions soient soumises au Seigneur ; ma chair doit mourir et je dois marcher dans les voies de Dieu et non plus dans les miennes.

REVELATION PROGRESSIVE.

Il ne fait aucun doute que nous vivions dans les derniers jours. Il va nous être données davantage de révélations concernant le Royaume, le monde spirituel et la Parole de Dieu que nous ne pourrions l'imaginer. Rien ne sera ajouté à la Parole, mais d'innombrables passages seront éclairés pour les croyants d'une signification beaucoup plus profonde. Avec le temps, Dieu a donné des révélations de Lui-même de plus en plus claires et élaborées. A Adam et Eve en fut accordé un aperçu ; à Abraham, un peu plus et à Moïse, plus encore. Avec les époques des Juges, des Rois, de la captivité, la révélation a augmenté. Et lorsque Jésus a marché sur la terre, c'est dans une ampleur inconnue et extraordinaire que le plan de Dieu pour le salut a été révélé. Puis à la Pentecôte, une dimension toute nouvelle du Saint-Esprit a été envoyée. Quelques années passèrent et la révélation vint que les Gentils se trouvaient inclus dans le plan du salut. Encore quelques années, et c'est Jean qui fut instruit concernant ce qui arriverait dans les temps de la fin.

> *« J'entendis mais je ne compris pas ; et je dis : Mon seigneur, quelle sera l'issue de ces choses ? Il répondit : Va, Daniel, car ces choses seront tenues secrètes et scellées jusqu'au temps de la fin ».*
>
> Daniel 12 v.8-9.

> *« ...afin que le Dieu de notre Seigneur Jésus-Christ, le Père de gloire, vous donne un esprit de sagesse et de révélation dans Sa connaissance, et qu'Il illumine les yeux de votre cœur pour que vous sachiez quelle est l'espérance qui s'attache à Son appel, et quelle est la richesse de Son héritage qu'Il réserve au saints »*
>
> Ephésiens 1 v.17-18
>
> (en anglais : « Son héritage dans les saints »)

L'Ecriture nous enseigne que Dieu accorde les révélations « ligne sur ligne, précepte sur précepte ». Nous savons aussi qu'Il n'a pas terminé de révéler des secrets à Son Eglise.

> *« Mais, comme il est écrit, ce sont des choses que l'œil n'a point vues, que l'oreille n'a point entendues, et qui ne sont pas montées au cœur de l'homme ; des choses que Dieu a préparées pour ceux qui L'aiment ».*
>
> 1Corinthiens 2 v.9.

> *« Car c'est précepte sur précepte, précepte sur précepte, règle sur règle, règle sur règle, un peu ici, un peu là ».*
>
> Esaïe 28 v.10.

Une plus grande profondeur de connaissance arrive sur l'Eglise. Les anges vont venir pour dévoiler de nombreux secrets qui étaient restés scellés, et pour révéler avec précisions ce qui doit survenir dans ces derniers jours. Ce ne sera pas quelque chose de nouveau. A cinq reprises, rien que dans l'Apocalypse, un ange fut envoyé vers Jean pour lui montrer ce qui devait arriver. Le tout premier verset du livre le dit clairement :

> « *Révélation de Jésus-Christ, que Dieu lui a donnée pour montrer à Ses serviteurs ce qui doit arriver bientôt – et qu'Il a fait connaître <u>par l'envoi de Son ange</u>, à Son serviteur Jean* ».
>
> *Apocalypse 1 v.1.*

Puis au chapitre 4 v.1 :

> « *Après cela, je regardais et voici, une porte était ouverte dans le ciel. La première voix que j'avais entendue, comme le son d'une trompette, et qui me parlait, dit : Monte ici et Je te ferai voir ce qui doit arriver dans la suite* ».

Encore au chapitre 17, nous voyons qu'un ange vient apporter une révélation à Jean (v.1) :

> « *Puis <u>un des sept anges</u> qui tenaient les sept coupes, vint et <u>m'adressa la parole,</u> disant : Viens, je te montrerai le jugement de la grande prostituée qui est assise sur les grandes eaux…* »

Au chapitre 21, c'est un autre ange porteur des sept coupes qui vient vers Jean (v.9) :

> « *Puis <u>un des sept anges</u> qui tenaient les sept coupes, remplies des sept derniers fléaux vint et il m'adressa la parole en disant : Viens, je te montrerai l'Epouse, la femme de l'Agneau* ».

Servir Dieu avec les anges

Enfin, au chapitre 22 v.6, nous lisons que Dieu a envoyé Son ange pour montrer à Ses serviteurs ce qui devait bientôt arriver :

> « *Et il me dit : Ces paroles sont certaines et véritables ; et le Seigneur, le Dieu des saints prophètes, <u>a envoyé Son ange, pour montrer à Ses serviteurs les choses qui doivent arriver bientôt</u> »*.

Remarquez que, dans le dernier passage, l'ange n'était pas envoyé à Jean, mais à Ses serviteurs. Et, comme ici dans l'Apocalypse, des instructions spécifiques et détaillées seront données aux serviteurs de Dieu, concernant les prochains jugements qui s'abattront sur le monde. L'Eglise sera appelée à intercéder pour toutes ces choses.

Contrairement aux humains, les anges obéissent toujours à Dieu. Ils Lui obéissent jusque dans les moindres détails. Alors, s'ils sont présents dans une réunion, nous pouvons être certains que Dieu les y a envoyés. Le jour vient où il sera habituel, dans le ministère, que Dieu emploie Ses serviteurs – les croyants – conjointement avec les anges. Rappelez-vous le soir dont j'ai parlé, où sept anges étaient venus pour intervenir dans cette réunion. Mon obéissance au Saint-Esprit les a libérés pour accomplir ce pourquoi Dieu les avait envoyés. Si je n'avais pas obéi, ils n'auraient pas pu remplir leur mission ce soir-là. Ma désobéissance aurait éteint l'Esprit. De la même manière, Dieu Se servira des saints pour coopérer avec les anges dans le ministère. La question ne sera pas qu'ils nous obéissent, car ils ne reçoivent pas d'ordres d'un esprit humain.

> *« Lequel des hommes, en effet, connaît les choses de l'homme, si ce n'est l'esprit de l'homme, qui est en lui ? De même personne ne connaît les choses de Dieu si ce n'est l'esprit de Dieu. Or nous, nous n'avons pas reçu l'esprit du monde, mais l'Esprit qui vient de Dieu, afin que nous connaissions les choses que Dieu nous a données par Sa grâce ».*
>
> 1Corinthiens 2 v.11-12.
>
> *« Si quelqu'un parle, que ce soit comme annonçant les oracles de Dieu ; si quelqu'un remplit un ministère, qu'il le remplisse selon la force que Dieu communique, afin qu'en toutes choses, Dieu soit glorifié par Jésus-Christ, à qui appartiennent la gloire et la puissance, aux siècles des siècles. Amen ! »*
>
> 1Pierre 4 v.11.

Les anges obéissent à la voix de l'Esprit de Dieu qui habite en nous. Cette interaction va devenir régulière pour les croyants, qui entreront dans le degré plus élevé du ministère, en collaboration avec les anges du Seigneur. Nous voyons par exemple, dans l'Ecriture, que Dieu a ordonné à Ezéchiel de prophétiser au vent (à l'esprit) et plus tard, l'Apocalypse nous parle de certains anges qui retenaient les vents :

> *« Il me dit : Prophétise, et parle à l'esprit (au vent) ! Prophétise, fils de l'homme et dis à l'esprit : Ainsi parle le Seigneur, l'Eternel : Esprit, viens des quatre vents souffle sur ces morts, et qu'ils revivent ! »*
>
> Ezéchiel 37 v.9.
>
> *« Après cela, je vis quatre anges, debout aux quatre coins de la terre ; ils retenaient les quatre vents de la terre, afin qu'il ne soufflât point de vent sur la terre, ni sur la mer, ni sur aucun arbre ».*

Servir Dieu avec les anges

Apocalypse 7 v.1.

Pourquoi Dieu voudrait-il que des hommes disent aux anges ce qu'ils doivent faire ? Pourquoi ne pas le leur dire Lui-même ? Voilà d'excellentes questions. Personnellement, je crois que Dieu leur a déjà parlé Lui-même, et c'est ainsi que les anges savent si le croyant avec qui ils servent entend vraiment la voix de Dieu, ou non. Pourquoi, alors, Dieu veut-il qu'un homme dise à un ange de faire quelque chose ? Dans la Genèse, à qui Dieu a-t-il confié la domination sur la terre ?

> *« Dieu les bénit et leur dit : Soyez féconds, multipliez, remplissez la terre et l'assujettissez ; et dominez sur les poissons de la mer, sur les oiseaux du ciel et sur tout animal qui se meut sur la terre ».*

Genèse 1 v.27-28.

C'est à l'homme que Dieu a donné la domination sur la terre. Nous croyons également à la doctrine de la « libre volonté » qui implique simplement que Dieu ne violera pas la volonté de l'homme. Par exemple, tout homme, pour être sauvé, doit le demander. Ce même principe est vrai sur un plan corporatif. Dieu ne violera pas la domination de l'homme sur la terre. C'est pourquoi, pour pouvoir intervenir dans quelque situation terrestre, il faut que quelqu'un se mette d'accord avec Lui et le Lui demande. Nous ne pouvons pas imposer à Dieu notre volonté, mais Lui ne nous impose pas non plus la Sienne. Dieu cherche plutôt un instrument qui Lui soit soumis et qui proclame Sa volonté dans la situation. Et une fois que la volonté et la parole de Dieu sont proclamées par un canal humain, Il peut libérer Ses anges pour aller accomplir cette parole. Dans le cas de la maladie, nous savons que c'est la volonté de Dieu de donner la guérison. Il peut parfois nous conduire à libérer les anges qui ont été envoyés pour communiquer la guérison à ceux qui sont présents à la réunion.

Laissez-moi vous assurer que n'importe qui ne peut pas simplement se lever et donner aux anges la liberté d'intervenir. Si Dieu n'a pas donné à cette personne Ses instructions pour qu'elle libère les anges, ils ne bougeront pas ; car ce n'est qu'à Lui qu'ils obéissent.

> *« Bénissez l'Eternel, vous Ses anges, qui êtes puissants en force et qui exécutez Ses ordres, en obéissant à la voix de Sa parole ! Bénissez l'Eternel, vous toutes Ses armées, qui êtes Ses serviteurs et qui faites Sa volonté !*
>
> *Psaume 103 v.20-21.*
>
> *« Christ, qui est monté au ciel, qui est à la droite de Dieu ; les anges, les autorités et les puissances Lui ayant été soumis ».*
>
> *1Pierre 3 v.22.*

Il nous est difficile de comprendre que Dieu, parfois, nous parle au moyen d'un ange. Vous demanderez peut-être : n'est-ce pas précisément un rôle qui revient au Père, à Jésus, ou au Saint-Esprit ? Soyons prudents, ne pensons pas que Dieu devient distant quand Il choisit d'utiliser des anges pour nous parler au lieu de nous parler directement. Pourquoi Dieu aurait-Il besoin d'un intermédiaire ? Comprenons que les anges ont été créés pour servir Dieu et, comme le dit l'Ecriture, leur mission est d'exercer leur ministère « en faveur de ceux qui doivent hériter du salut » (Hébreux 1 v.14). Or, le Seigneur aime regarder Ses anges servir auprès des hommes. La réalité, c'est que lorsqu'un ange s'adresse à nous, c'est le Dieu Tout-Puissant qui nous parle. Et si Dieu ne nous donnait pas la révélation

Servir Dieu avec les anges

pour le discerner, nous ne verrions pas la différence. Les anges sont des messagers de Dieu. L'Ecriture nous les dépeint comme tels à d'innombrables reprises. Gabriel, par exemple, apportait des messages à Daniel.

> « Et j'entendis la voix d'un homme au milieu de l'Ulaï ; il cria et dit : Gabriel, explique-lui la vision ! »
>
> *Daniel 8 v.16.*

> « Je parlais encore dans ma prière, quand l'homme Gabriel, que j'avais vu précédemment dans une vision, s'approcha de moi d'un vol rapide, au moment de l'offrande du soir. Il m'instruisit et s'entretint avec moi. Il me dit : Daniel, je suis venu maintenant pour ouvrir ton intelligence ».
>
> *Daniel 9 v.21-22.*

Gabriel a aussi été envoyé avec des messages pour Zacharie, pour Marie et pour Joseph :

> « L'ange lui répondit : Je suis Gabriel, je me tiens devant Dieu ; j'ai été envoyé pour te parler et pour t'annoncer cette bonne nouvelle ».
>
> *Luc 1 v.19.*

> « Au sixième mois, l'ange Gabriel fut envoyé par Dieu dans une ville de Galilée, appelée Nazareth, auprès d'une vierge, fiancée à un homme de la maison de David, nommé Joseph. Le nom de la vierge était Marie ».
>
> *Luc 1 v.26-27.*

Ce ne sont que quelques exemples parmi beaucoup d'autres, où des anges sont venus transmettre des messages à des êtres humains. Ils interviennent la plupart du temps dans l'anonymat, excepté pour

Servir avec les Anges

Gabriel et Michaël. Ce sont les deux seuls dont la Bible mentionne le nom. Pourquoi ? Avant tout, parce qu'ils ne sont que des messagers et que <u>la priorité revient au message, non au messager.</u> Ce n'est que par la volonté souveraine de Dieu que nous voyons, en ces derniers jours, se lever le voile sur cette incroyable armée des cieux. Et puisque le Seigneur la dévoile à nos yeux, Il donnera à beaucoup de Ses anges la permission de nous faire connaître leurs noms. Pour plusieurs des saints, ils deviendront même souvent très proches.

S'ils ne sont pas omniscients comme Dieu, ils jouissent pourtant d'une connaissance surnaturelle. Tout d'abord, ils connaissent vos pensées. Ils s'adresseront souvent à vous d'esprit à esprit. Luc 1 v.29-30 nous dit : *« Troublée par cette parole, Marie se demandait ce que signifiait une telle salutation. L'ange lui dit : Ne crains point, Marie, car tu as trouvé grâce devant Dieu »*. Il y a des moments où Dieu permettra que votre pensée saisisse ce que disent les anges. Il y en aura d'autres où, ayant une question dans votre cœur, un ange vous donnera la réponse, sans vous parler à voix haute. **La meilleure manière d'expliquer cela, c'est de comprendre que, le Saint-Esprit étant omniscient, communique simplement aux anges ce que vous pensez.**

Les anges n'étant ni omniscients, ni omnipotents, ont besoin de recevoir de Dieu instructions et directions. Et nous observons dans les Ecritures que les trois membres de la trinité leur donnent également ces instructions. Plus précisément, Dieu le Saint-Esprit, qui demeure dans les croyants nés de nouveau et remplis de Lui-même, a choisi de parler par ces vases humains purifiés, consacrés et soumis. Souvenez-vous de ce que dit Pierre : « Si quelqu'un parle, que ce soit comme annonçant les oracles de Dieu... » (1Pierre 4 v.11).

J'ai appris, avec le temps, que les anges savent si une personne est capable, ou non, de voir dans le monde spirituel. S'ils s'aperçoivent que vous ne pouvez pas les voir, ils utiliseront une méthode autre que la vision pour capter votre attention. C'est ce qui arrive lorsqu'un ange s'approche de vous et que vous percevez sa présence, même sans le voir. Il faut alors être très attentif, pour savoir s'il fait ou dit quelque chose, ou s'il a besoin que vous fassiez ou disiez quelque chose. Les anges font preuve d'une extrême patience pendant que nous apprenons à agir en interaction avec eux. **J'insiste encore ici sur le fait qu'il ne nous est pas nécessaire de les voir pour exercer le ministère avec eux.**

Je ne sais pas combien de fois des anges sont venus pendant que je priais, en m'apportant des armes, des dons ou des onctions. Très souvent, au moment où je les reçois par la foi, mon esprit ressent quelque chose : ce peut être la chaleur de l'onction qui repose sur l'ange, ou un courant électrique venant de sa présence, ou une soudaine explosion de joie ! Ce qu'il nous faut comprendre avant tout, pour servir avec les anges, c'est que cette grâce exige une foi réelle de notre part. Sans la foi, il est exclu d'avoir accès à ce domaine.

Un ange de Dieu ne vient jamais vers une personne sans que Lui-même l'ait envoyé. Il faut cependant que nous soyons toujours sur nos gardes et que nous apprenions à discerner s'il s'agit d'un ange de lumière, ou de quelque démon qui se déguiserait en ange du Seigneur. Croyez-moi, les anges des ténèbres essaient de vous tromper et de vous égarer. Paul parle de ces anges qui sont envoyés du Second ciel, du trône de Satan, quand il dit :

> « Non pas qu'il y ait un autre évangile, mais il y a des gens qui vous troublent et qui veulent renverser l'évangile de Christ. Mais quand nous-mêmes, quand un ange du ciel, annoncerait un autre évangile que celui que nous vous avons prêché, qu'il soit anathème (maudit) ! »
>
> *Galates 1 v.7-8.*

Or Dieu a accordé à Son Eglise un don puissant de discernement des esprits. Et nous avons aussi le test contenu dans Sa Parole :

> « Reconnaissez à ceci l'Esprit de Dieu : tout esprit qui confesse Jésus-Christ venu en chair est de Dieu... ».
>
> *1 Jean 4 v.2.*

> « C'est pourquoi, je vous déclare que nul, s'il parle par l'Esprit de Dieu, ne dit : 'Jésus est anathème !' et que nul ne peut dire : 'Jésus est Le Seigneur !' si ce n'est par le Saint-Esprit ».
>
> *1Corinthiens 12 v.3.*

Comme pour les dons prophétiques et les autres dons spirituels, nous devons exercer celui du discernement des esprits et y devenir très compétents. Je me souviens d'une rencontre particulière, où il y avait une bataille, dans laquelle plusieurs démons étaient retenus en captivité par des anges ; quand tout fut terminé, je pouvais encore ressentir une puissante présence sur les lieux. Quand j'ai interrogé un ange, près de moi, au sujet de ce que je ressentais, il m'a expliqué qu'il s'agissait du chef des anges de ténèbres. Il m'a aussi invité à être très prudent, parce que cet ange des ténèbres était capable d'une grande séduction.

A l'instant où ce démon s'est approché de moi, sa présence a provoqué une 'émotion forte' dans mon esprit. A mon grand étonnement, j'avais le sentiment d'une bonne présence, et non pas l'impression d'être dominé par une présence mauvaise. Et contrairement aux démons que j'avais eu l'occasion de rencontrer, le langage que celui-ci employait pour me parler ressemblait étrangement à celui d'un ange de Dieu. J'arrivais à peine à détecter sa malignité ; mais Dieu m'a donné le discernement pour reconnaître que ce n'était pas un bon esprit.

Les anges nous transmettent des messages de Dieu. Alors, tout ce qu'un ange de Dieu vous dit est exactement ce qu'Il veut que vous entendiez. Il est donc vital pour nous d'apprendre à écouter ces messagers ; et cela demande une certaine pratique.

La distinction entre les interventions des anges et celles du Seigneur est parfois si discrète qu'on la décèle à peine. Cela vient de ce que les anges respectent si parfaitement les instructions divines qu'en fait, ils ne sont vraiment que des instruments, des agents du ciel. Ils ne font rien selon leur propre désir, ni à leur manière. Ils observent entièrement la volonté de Dieu et Ses méthodes. Cet aspect de leur comportement se voit dans l'Exode, lors de l'épisode du buisson ardent. Remarquez le verset 2, qui établit clairement que c'est un ange qui est apparu à Moïse, tandis que la suite du récit ne cesse d'affirmer que c'est Dieu qui l'appelle et lui parle :

Servir avec les Anges

> *« L'ange de l'Eternel lui apparut dans une flamme de feu, au milieu d'un buisson. Moïse regarda et voici, le buisson était tout en feu, et le buisson ne se consumait pas. Moïse dit : Je veux me détourner pour voir quelle est cette grande vision et pourquoi le buisson ne se consume pas. L'Eternel vit qu'il se détournait pour voir ; et Dieu l'appela du milieu du buisson et dit : Moïse ! Moïse ! et il répondit : Me voici ! »*
>
> *Exode 3 v.2-4.*

N'oubliez pas que les êtres humains s'intéressant au monde spirituel, ont de la difficulté à bien discerner. L'Apôtre Jean lui-même éprouvait quelque confusion à distinguer les saints des anges.

> *« Et je tombai à ses pieds pour l'adorer ; mais il me dit : Garde-toi de le faire ! Je suis ton compagnon de service et celui de tes frères qui ont le témoignage de Jésus. Adore Dieu. Car le témoignage de Jésus, c'est l'esprit de la prophétie ».*
>
> *Apocalypse 19 v.10.*

> *« Mais il me dit : Garde-toi de le faire ! Je suis ton compagnon de service et celui de tes frères les prophètes, et de ceux qui gardent les paroles de ce livre. Adore Dieu ! »*
>
> *Apocalypse 22 v.9.*

L'important n'est pas QUI exerce le ministère – Dieu Lui-même, ou Dieu via un de Ses agents – qu'il soit un ange, un patriarche, un saint ou un croyant. Ce qui compte c'est que soit accompli Son dessein. La Bible nous enseigne qu'il nous faut prier pour que Sa volonté soit faite. Or, c'est cette prière qui, justement, obtient le ministère des anges.

Servir Dieu avec les anges

> *« Penses-tu que Je ne puisse pas invoquer mon Père, qui me donnerait à l'instant plus de douze légions d'anges ? Comment donc s'accompliraient les Ecritures, d'après lesquelles il doit en être ainsi ? »*
>
> *Matthieu 26 v.53-54.*

> *« Pierre donc était gardé dans la prison ; et l'Eglise ne cessait d'adresser pour lui des prières à Dieu. La nuit qui precede le jour où Hérode allait le faire comparaître, Pierre, lié de deux chaînes, dormait entre deux soldats ; et des sentinelles, devant la porte, gardaient la prison. Et voici, un ange du Seigneur survint et une lumière brilla dans la prison. L'ange réveilla Pierre en le frappant au côté et en disant : Lève-toi promptement ! Et les chaînes tombèrent de ses mains ».*
>
> *Actes 12 v.5-7.*

Lorsque quelqu'un entend parler pour la première fois de l'interaction des anges avec les hommes, il doit sans doute entendre une sonnerie d'alarme. Comment Dieu peut-Il employer des hommes pour libérer des anges dans une situation donnée ? Nous ne devons pas perdre de vue que nous sommes le temple du Saint-Esprit. Le Saint-Esprit peut donc, par notre bouche, s'adresser aux anges. Nous ne devons pas considérer ce fait comme si c'était nous qui leur donnions des ordres, mais comme notre coopération avec Dieu et avec eux. Le Père entraîne Ses enfants en vue de leur rôle éternel, qui sera de régner et gouverner avec Lui. Je ne dis pas que nous régnions déjà maintenant, mais Dieu nous prépare pour ce jour.

> *« Tu as fait d'eux un royaume, des sacrificateurs pour notre Dieu et ils régneront sur la terre ».*
>
> *Apocalypse 5 v.10.*

Savez-vous que la Bible dit qu'un jour, nous jugerons les anges ?

> *« Ne savez-vous pas que les saints jugeront le monde ? Et si c'est par vous que le monde est jugé, êtes-vous indignes de rendre les moindres jugements ? Ne savez-vous pas que nous jugerons les anges ? Et nous ne jugerions pas, à plus forte raison, les choses de cette vie ? »*
>
> *1Corinthiens 6 v.2-3.*

Il y a beaucoup de raisons au fait que Dieu lève le mystère sur Ses anges à cette heure. La première, c'est que nous avons besoin d'aide. Nous ne pouvons pas nous contenter de citer à la face du diable et de ses démons, des versets Bibliques, en nous attendant à ce qu'ils prennent la fuite aussitôt, la queue entre les jambes. L'ennemi n'est pas effrayé à l'écoute de la Parole. Ce qui l'effraie, c'est l'autorité ! Il est plutôt habile dans sa connaissance de la Parole de Dieu. Satan a même cité des versets à Jésus, la Parole incarnée, à l'heure de Sa tentation dans le désert. Malheureusement, l'ennemi tord les Ecritures. Alors, vous pouvez bien les citer devant lui mais, s'il ne vous connaît pas, vous aurez un sérieux problème.

Actes 19 parle des sept fils de Scéva, qui ont essayé de faire la même chose que Jésus et qui se sont retrouvés en grande difficulté :

> *« L'esprit malin leur répondit : Je connais Jésus et je sais qui est Paul ; mais vous, qui êtes-vous ? Et l'homme dans lequel était l'esprit malin s'élança sur eux, s'en rendit maître et les maltraita de telle sorte qu'ils s'enfuirent de cette maison nus et blessés ».*
>
> *Actes 19 v.15-16.*

Servir Dieu avec les anges

L'esprit malin leur a demandé : « Qui êtes-vous ? » Il savait qui avait l'autorité et qui ne l'avait pas. Il connaissait ceux qui avaient vaincu des démons dans le combat spirituel et l'intercession, et ceux qui ne l'avaient jamais fait. Comment Satan reconnaît-il que vous êtes en position d'autorité et qu'il lui faut en tenir compte ? Permettez que je vous rappelle que, plus tôt dans ce chapitre, j'ai dit que les anges nous sont envoyés pour nous apporter des armes, des onctions et des dons. Or, ils sont visibles pour le monde spirituel. Satan reconnaît et redoute les couleurs qu'irradie votre esprit. Il remarque les honneurs que le Seigneur a placés sur vous et il voit les armes spécialement ouvragées que Jésus vous a données. Il aperçoit les marques sur votre vêtement spirituel, où a été inscrit le nom du Seigneur. Et par la lumière qui brille en vous, il sait reconnaître que vous avez été avec Jésus. Ou peut-être voit-il la compagnie d'anges qui vous suit, parce que votre autorité a grandi et que le Seigneur protège Ses prophètes.

« Ne touchez pas à Mes oints et ne faites pas de mal à Mes prophètes ! »

Psaume 105 v.15.

« Elisée pria et dit : Eternel, ouvre ses yeux pour qu'il voie ! L'Eternel ouvrit les yeux du serviteur, qui vit la montagne pleine de chevaux et de chars de feu autour d'Elisée ».

2 Rois 6 v.17.

« Car Il ordonnera à Ses anges de te garder dans toutes tes voies ».

Psaume 91 v.11.

Se peut-il que le diable ait entendu parler de vos victoires sur quelques-uns de ses ardents guerriers, qui seraient revenus du combat, blessés par des armes inconnues dans le monde des ténèbres ? Oui, le Seigneur entraîne Ses saints dans les batailles angéliques d'autrefois. Que voulez-vous dire ? Cette guerre n'a-t-elle pas déjà eu lieu ? Il serait temps que vous réévaluiez votre eschatologie et ouvriez votre cœur à ce que Dieu révèle en ces derniers jours.

Résumons. Si un saint ange vient à nous, nous savons que c'est forcément la volonté de Dieu et que tout ce qu'il nous dit est exactement ce que Dieu lui a confié de nous dire. Les anges n'agissent jamais indépendamment du Seigneur. Sans aucune exception ! Exercer le ministère en leur compagnie est le service le plus sûr dans lequel nous puissions nous engager. L'aspect le plus difficile en est d'apprendre à reconnaître leur présence. Même si vous n'êtes pas capable de les voir, le Seigneur peut vous enseigner comment opérer avec eux. Donc, lorsqu'un ange vous est envoyé, détendez-vous et jouissez de la présence du Seigneur qui émane de son être. Soyez dans l'attente de ce qu'il peut avoir à vous dire ou à vous donner de Sa part. Une fois que vous aurez maîtrisé ces premiers éléments, vous serez en bonne voie pour découvrir des trésors incroyables dans le royaume de Dieu.

Chapitre 7

SOUMISSION A L'AUTORITE

« A Toi, Eternel, la grandeur, la force et la magnificence, l'éternité et la gloire, car tout ce qui est au ciel et sur la terre T'appartient ; à Toi, Eternel, le règne, car Tu T'élèves souverainement au-dessus de tout ! »

1Chroniques 29 v.11.

Lors de leurs premières rencontres avec nous, si les anges avaient un message ou quelque don à nous transmettre, ils allaient d'abord vers Pasteur Crawford demander la permission de s'adresser à moi. Par la suite, le Seigneur dit au pasteur de les autoriser à m'approcher directement, sans avoir à passer par lui. Il s'agit là d'un protocole incontournable, si vous avez envie de voir affluer les anges dans votre église et dans votre vie personnelle. En effet, si l'autorité selon Dieu n'est pas convenablement établie, ou si les leaders ne sont pas favorables au ministère angélique, leur intervention sera limitée, ou inexistante.

Servir avec les Anges

Les anges font partie du plus parfait système d'autorité. Etabli par Dieu Lui-même, les anges s'y conforment pleinement et opèrent au sein de sa structure.

> « Et il dit : Eternel, Dieu de nos pères, n'es-Tu pas Dieu dans les cieux et n'est-ce pas Toi qui domines sur tous les royaumes des nations ? N'est-ce pas Toi qui as en mains la force et la puissance, et à qui nul ne peut résister ? »
>
> *2 Chroniques 20 v.6.*

Dieu a établi des structures d'autorité dans toute la création : sur la terre, au ciel et en enfer.

> « Jésus vint et leur parla en ces mots : Tout pouvoir M'a été donné, dans les cieux et sur la terre ».
>
> *Matthieu 28 v.18.*

Ainsi, le royaume des cieux, comme celui des ténèbres, fonctionnent suivant des degrés d'autorité. Les anges, comme les démons, ont des rangs différents. Et les premiers respectent scrupuleusement chaque niveau de cette autorité divinement établie.

Jamais les anges ne contourneront celle du pasteur responsable, pour aller œuvrer avec le pasteur assistant, un membre du bureau, un ancien, ou un simple fidèle. En toutes choses, ils agissent au sein de la structure d'autorité voulue par Dieu, passant du leader principal aux autres conducteurs, puis à la congrégation. Il est donc impératif pour les membres de l'église qu'ils ne se mettent pas à l'écart des autorités établies.

Soumission à l'autorité

« Et Jésus lui dit : J'irai et Je le guérirai. Le centenier répondit : Seigneur, je ne suis pas digne que Tu entres sous mon toit ; mais dis seulement un mot, et mon serviteur sera guéri. Car moi qui suis soumis à des supérieurs, j'ai des soldats sous mes ordres et je dis à l'un : Va ! et il va ; à l'autre : Viens ! et il vient ; et à mon serviteur : Fais cela ! et il le fait ».

Matthieu 8 v.7-9.

J'agis en interaction avec de nombreux anges, mais je reste toujours en totale soumission à mon pasteur. Si je décidais de me rebeller et de faire mon travail à ma façon, je perdrais toute opportunité et toute possibilité de coopérer avec eux. Dieu ne tolère pas la rébellion !

Si nous désirons marcher au niveau de ce règne angélique, nous devons rester soumis à l'autorité. Certains se sont rebellés, et ils ont commencé à recevoir des visitations de mauvais esprits et à tenir des conversations avec eux : j'en ai été le témoin. Ceux qui ont agi ainsi n'ont, malheureusement, pas discerné que leur visiteur n'était pas un ange de Dieu - ils l'ont vu trop tard et leur vie avait commencé à être détruite. Car c'est la stratégie du royaume des ténèbres de pousser les croyants à sortir de la protection de l'autorité.

En vous y soustrayant, ou en vous rebellant contre l'autorité que Dieu à placée sur votre vie, vous donnez à Satan le droit de vous tromper et de vous détruire.

> *« Samuel dit : l'Eternel trouve-t-Il du plaisir dans les holocaustes et les sacrifices, comme dans l'obéissance à la voix de l'Eternel ? Voici, l'obéissance vaut mieux que les sacrifices, et l'observation de Sa Parole vaut mieux que la graisse des béliers. Car la rébellion est aussi coupable que la sorcellerie, et l'obstination, que l'iniquité et l'idolâtrie. Puisque tu as rejeté la parole de l'Eternel, Il te rejette aussi comme roi »*
>
> *1Samuel 15 v.22-23.(anglais)*

Permettez-moi d'illustrer ceci, dans le cas d'un pasteur assistant, ou d'une église qui désirent que Dieu manifeste Son royaume au milieu d'eux. Comme nous l'avons vu plus haut, il faut que le pasteur responsable le veuille, sinon cela n'arrivera pas. Une fois que lui-même se soumet aux desseins de Dieu pour sa vie et celle de l'église, alors il est prêt. L'équipe de ministère aussi doit s'y consacrer. Si l'un de ses membres offre de la résistance, le Seigneur le fera partir. Car Il ne permettra pas que des paroles blessantes soient prononcées au sujet de cet aspect particulier de Son royaume. L'opération du ministère des anges est un élément primordial de l'œuvre du Saint-Esprit. Dieu est donc extrêmement sensible aux paroles qui s'y opposent et elles pèsent lourdement à Ses yeux.

Une fois l'équipe pastorale en harmonie, Dieu peut commencer à agir parmi ceux qui exercent une responsabilité, puis dans l'assemblée. Chaque église opposera un niveau de résistance à ce mouvement, mais Dieu est plus grand que tous. Il a une manière bien à Lui d'assouplir les cœurs, ou d'écarter du chemin ceux qui s'obstinent. L'équipe des leaders

Soumission à l'autorité

NE DOIT EN AUCUN CAS réagir dans la chair, mais laisser le Saint-Esprit faire Son travail. Il y a, dans notre assemblée, des croyants dont je n'aurais jamais pensé, au début, qu'ils puissent être des hommes et des femmes de foi et de puissance. Aujourd'hui, ils participent magnifiquement à ce que Dieu fait, et spécialement au service avec les anges. D'autre part, les leaders ne doivent pas non plus essayer de retenir quelqu'un que le Seigneur est en train d'éloigner de leur congrégation. Certains membres ont quitté la nôtre, alors que j'avais pensé qu'ils deviendraient des leaders en son sein.

Je peux presque sûrement vous garantir, chers pasteurs, que dès que vous concentrerez vos efforts à atteindre une plus grande profondeur dans les choses de l'Esprit, plusieurs de vos membres s'y opposeront et iront se plaindre. Plusieurs quitteront l'église… peut-être même des membres du bureau, des enseignants ou vos plus gros donateurs. Certes, ce sera douloureux ! Sur le plan naturel, tout vous criera que vous avez pris la mauvaise décision. Mais une chose est sûre, Dieu Se manifestera dans vos temps de prière d'une manière telle que vous n'aurez pas le moindre doute que Lui est satisfait de cette transformation.

Dès que vous acceptez l'invitation à entrer dans cette dimension du royaume des cieux, vous serez éprouvés dans certaines de vos relations. Il y a des cas où un mari croyant voudra suivre le Seigneur avec une passion que sa femme ne partage pas, et ils seront forcés de décider soit de rester, soit de partir. Il peut y avoir des exceptions mais, en général, vous perdrez le couple. L'harmonie doit être préservée dans le mariage. Pourquoi ? Parce que le Seigneur veut l'unité dans Son Corps et Il n'acceptera aucun degré de rébellion.

Servir avec les Anges

Dans les cas où le mari a une femme non-croyante, le problème se posera avec moins de gravité.

> *« Car le mari non-croyant est sanctifié par la femme, et la femme non-croyante est sanctifiée par le mari ; autrement, vos enfants seraient impurs, tandis que maintenant, ils sont saints ».*
>
> *1Corinthiens 7 v.14.*

Un pasteur découvrira peut-être que ses amis les plus chers sont de l'autre côté de la vision. Vous devrez être préparés à tout abandonner pour suivre Dieu à ce point-là. Le Seigneur doit devenir votre unique objectif. Un tel choix met tout le reste de côté. Vos bons désirs doivent faire place à Ses désirs.

Comme nous l'avons vu, les anges sont extrêmement fidèles au respect de l'autorité, que ce soit au sein du noyau familial, ou dans une structure plus complexe, comme l'église. Et ils respectent également les niveaux d'autorité du royaume des ténèbres. Ils reconnaissent celle dont les anges déchus étaient revêtus avant leur chute. Les anges de Dieu ne se moquent pas des démons et ne se lancent pas non plus aveuglément à l'attaque de n'importe lequel qui croise leur chemin. Le verset 9 de Jude le démontre clairement en ces mots :

« Or l'archange Michel, lorsqu'il contestait avec le diable et lui disputait le corps de Moïse, n'osa pas porter contre lui un jugement injurieux, mais il dit : Que le Seigneur te réprime ! » Les anges attendront qu'un autre ange du Seigneur, de rang égal ou supérieur à celui de leur adversaire démoniaque, vienne ordonner de quelle manière traiter cet ennemi. Dans l'Ancien Testament, le messager

Soumission à l'autorité

céleste envoyé pour apporter une réponse à Daniel, fut empêché de passer par le rang plus élevé et la puissance du Prince démoniaque de Perse. Et il a fallu que Michaël, l'archange, vienne à son aide (Daniel 10 v.13-21).

C'est une vérité de base, que les anges honorent l'autorité. Pasteurs, vous n'avez rien à craindre lorsque ces messagers de Dieu commenceront à venir en nombre dans votre église. Vous n'avez pas à vous inquiéter qu'un autre leader prenne le dessus sur vous pour nuire à votre autorité. L'ennemi a fait tout ce qu'il pouvait pour empêcher que les anges n'opèrent avec les hommes dans le ministère. Il a perverti la vérité et créé toutes sortes de rébellion au sein des églises, ce qui les a privées de l'aide qu'elles auraient pu recevoir.

Ami pasteur, la première chose à déterminer, c'est à qui vous vous soumettez. Est-ce avant tout à Dieu et à Sa volonté ? Ou est-ce à votre vision personnelle, à celle de votre conseil, de votre principal donateur ? Soyez honnête avec vous-même : qui suivez-vous réellement ? Votre congrégation reçoit-elle ses directions d'une organisation, ou du Seigneur Lui-même ? Dès que vous décidez de suivre la voix de Dieu, cela signifie des changements majeurs dans votre vie personnelle et la vie de l'église. Soyez assuré que les anges savent si c'est à la voix du Seigneur que vous obéissez ou non. Vous ne pourrez espérer une visitation de leur part, ni la venue du royaume de Dieu, sans une consécration inébranlable aux plans du Tout-Puissant.

A la fin, Dieu aidera chaque assemblée à régler ses infrastructures (ses divers ministères et programmes) selon Son ordre à Lui. Pour y parvenir, le Seigneur révélera au pasteur l'autorité spirituelle, ainsi que les onctions, qu'Il a confiées à chacun de ses membres. Une fois ces dons identifiés, les fidèles seront positionnés dans les responsabilités qui leur correspondent au sein de la communauté. Une quantité des problèmes et des attaques dont souffrent les églises viennent du fait que beaucoup se voient confier des positions d'autorité choisies d'après des critères naturels ou terrestres. Ce genre de qualifications est évalué selon l'instruction des personnes, leur âge et même leur ancienneté dans la foi. Mais le Maître nous a fait comprendre que quelqu'un peut connaître le salut depuis trente ans et en être toujours au biberon.

> « *Pour moi, frères, ce n'est pas comme à des hommes spirituels que j'ai pu vous parler, mais comme à des hommes charnels, comme à des bébés en Christ. Je vous ai donné du lait, non de la nourriture solide, car vous ne pouviez pas la*
>
> *supporter ; et vous ne le pouvez même pas à présent* ».
>
> 1Corinthiens 3 v.1-2.

Je peux déjà entendre un cri d'alarme ! « Comment pourrions-nous confier à un croyant plus jeune et moins expérimenté une position d'autorité dans notre église ? » Il est vital de nous mettre à regarder avec les yeux de l'Esprit. Nous devons placer chaque personne là où Dieu a prévu qu'elle serve. L'on verra bientôt des jeunes venir et rapidement se mettre à voler comme des aigles à des sommets spirituels. Ils commenceront à se nourrir de viande, en désirant les profondeurs de Dieu et ils ne se satisferont de rien de moins. Ceux qui en sont encore au biberon, remplis de jalousie, critiqueront ces jeunes et tous les croyants plus passionnés qu'eux.

Soumission à l'autorité

Ami pasteur, c'est à ce point que vous vous trouverez placé devant un choix très difficile : écouterez-vous ceux qui vous soutiennent depuis de nombreuses années, mais qui veulent que rien ne change ? Ou suivrez-vous le Saint-Esprit, en faisant un bond dans la foi et en Lui permettant de faire des dons à de tels jeunes, pour voir l'église s'élancer dans la direction de Dieu ? **Ne vous méprenez pas sur mes paroles ; ce n'est pas son âge qui qualifie une personne, c'est sa maturité spirituelle, son obéissance, sa soumission à l'autorité, son intimité et sa communion avec Dieu ; car Il regarde au cœur !**

> *« Mais l'Eternel dit à Samuel : Ne prends point garde à son apparence et à la hauteur de sa taille, car Je l'ai rejeté. L'Eternel ne considère pas ce que l'homme considère, l'homme regarde à ce qui frappe les yeux, mais l'Eternel regarde au cœur ».*
>
> *1 Samuel 16 v.7.*

Une fois encore, nous devons nous demander si l'enjeu en vaut le prix. Veuillez vous poser la question suivante, avant d'entreprendre un changement quelconque ? « Suis-je prêt à connaître l'enfer, pour que le ciel descende ? » En quelque sorte, votre engagement doit aller jusqu'à dire au Seigneur : « Je préférerais mourir plutôt que ne pas me consacrer à Tes plans ». En tant que pasteur, vous devez être prêt à perdre des équipiers et des fidèles. Dieu doit passer en premier : il n'y a pas d'exceptions.

Supporterez-vous la pression de la part des membres de votre famille contestant votre décision de suivre Dieu à ce point-là ? Jésus nous a avertis que c'est exactement ce qui arrivera.

> *« Car Je suis venu mettre la division entre l'homme et son père, entre la fille et sa mère, entre la belle-fille et sa belle-mère ; et l'homme aura pour ennemis les gens de sa maison. Celui qui aime son père ou sa mère plus que Moi n'est pas digne de Moi, et celui qui aime son fils ou sa fille plus que Moi n'est pas digne de Moi ; celui qui ne prend pas sa croix et ne Me suit pas, n'est pas digne de Moi ».*
>
> *Matthieu 10 v.35-38.*

Ces paroles ont été dites dans le contexte de ce que cela coûterait de servir Dieu dans les derniers temps. Nous devons, certes, prier pour que notre famille, proche et étendue, reste unie, mais être prêts aussi à poursuivre la route, même si nous devions y marcher seuls.

Chapitre 8

PENETRER DANS LE MONDE SPIRITUEL

« Il faut se glorifier... Cela n'est pas bon. J'en viendrais néanmoins à des visions et à des révélations du Seigneur. Je connais un homme en Christ, qui fut il y a quatorze ans, ravi jusqu'au troisième ciel (si ce fut dans son corps, je ne sais, si ce fut hors de son corps, je ne sais, Dieu le sait). Et je sais que cet homme (si ce fut dans son corps ou sans son corps, je ne sais, Dieu le sait)... »

2 Corinthiens 12 v.1-3.

Le temps a passé et les anges ont commencé à parler avec moi. J'entendais parfois leurs voix dans mon esprit, tandis qu'à d'autres moments, ils m'interrompaient alors que je priais en langues. Ces conversations devinrent quotidiennes.

Que me disaient-ils ? C'étaient d'ordinaire des paroles d'encouragement, des affirmations de l'amour de Dieu pour moi. C'était parfois encore plus fascinant. Un jour où je priais dans l'église, deux anges sont venus et m'ont transporté en esprit à un endroit où un homme se trouvait allongé dans la rue. Il se mourait suite à un coup de revolver, ou à une blessure au couteau. Après que le Seigneur m'eût fait prier pour lui, j'ai été ramené dans le sanctuaire.

Avec la fréquence de ces visitations, le degré d'interaction entre les anges et moi gagna en durée et en intensité. J'ai commencé à sentir plus régulièrement leur présence alors que j'allais et venais dans l'église, tout en priant. Il arrivait souvent que l'un d'eux me projette carrément sur le sol ! J'avais l'impression de pénétrer sur un champ électrique. Au bout d'un certain temps, ils se mirent à m'apporter des dons et des onctions.

Pendant tout ce temps, le Seigneur ne cessait de m'assurer que ces visites angéliques venaient de Lui et qu'elles continueraient à se produire. Quelques mois passèrent et il devint habituel qu'un ange vienne s'asseoir sur un siège près de moi et me parle. Cependant, la plupart du temps, leur apparition avait pour objet une mission particulière, ou quelque chose que je devais apprendre à pratiquer.

Durant la première année de cette nouvelle action de Dieu, nous avons eu à affronter un combat spirituel intense lors de nos rencontres d'intercession. Nos prières montaient à voix forte et se faisaient parfois violentes. Je sortais souvent des réunions trempé de sueur. Ces temps de prière n'étaient pas du genre tranquille !

Le Seigneur prit plusieurs mois encore pour me former spirituellement à être sensible à la présence des anges ; puis Il commença à me transporter en enfer, à travers des ouvertures spirituelles que j'appellerais des tunnels ('portals' en anglais). En certaines occasions, je savais que les anges du Seigneur y étaient

Pénétrer dans le monde spirituel

avec moi, mais à d'autres moments, je n'en étais pas sûr. J'ai été emmené en divers endroits de l'enfer, j'ai vu des êtres avec des espèces de cagoules, et toutes sortes d'autres démons ; une fois même, j'ai vu l'esprit d'un assassin assis sur son trône. Lorsqu'il remarqua ma présence, il s'est levé et s'est dirigé vers une porte qu'il a franchie, et il a disparu. Je suis descendu le long de différents corridors où les âmes perdues étaient emprisonnées. Il ne m'a pas été demandé de passer beaucoup de temps en enfer. Il y avait un combat, mais la plus grande raison de mon expérience en ce lieu était que je soit un observateur. Je dois admettre que je me suis trouvé soulagé quand les visites de l'enfer ont pris fin !

Entre chacune des missions où Dieu m'envoyait, les anges venaient m'enseigner sur le combat spirituel. Ils m'apportaient souvent des armes que j'aurais à employer lors de ces expéditions spirituelles. C'est ainsi que me furent confiées toutes sortes d'épées, différentes par leur forme et par leur taille. J'ai dû aussi apprendre beaucoup de manœuvres manuelles et de mouvements corporels – un peu comme ceux des arts martiaux. Je suis certain d'avoir eu souvent l'air vraiment bizarre dans la tribune de notre église, pendant les moments d'intercession, quand les anges se livraient avec moi à ce genre d'entraînement !

Finalement, je suis arrivé à me comporter avec une aisance de jour en jour plus grande dans le monde spirituel. Ma foi, elle aussi, ne cessait de grandir en participant à l'entraînement avec les anges. Car c'est par la foi que, très souvent, je devais tendre la main pour saisir les armes qu'ils me montraient et m'exercer à leur maniement. Quelquefois, en guise d'armes, ils me donnaient de longs bâtons. Les anges ont montré beaucoup de patience devant la lenteur de mes progrès. Vous devez savoir que ces messagers célestes sont d'une très haute intelligence. Ils devaient souvent même s'efforcer de parler plus lentement, pour que nous puissions les comprendre.

Après la période passée à apprendre la guerre et à observer les activités de l'enfer, j'ai été emporté au lieu que certains connaissent comme « le Second Ciel ». Les anges m'ont conduit à travers différents passages, portes et entrées. J'avais chaque fois devant moi au moins un démon à combattre pour qu'il me laisse passer. Le degré du combat et le type de capacité nécessaire, variaient à chaque porte d'entrée. Même lorsque j'étais accompagné par les anges, c'était à moi de gagner seul ces combats. En général, ceux qui étaient avec moi me disaient à quoi m'attendre à chaque porte. On ressentait la présence du mal de façon incroyable dans tout ce qui entourait ces entrées, mais ce n'était quand même pas aussi horrible que la terreur que j'avais éprouvée en parcourant l'enfer.

A l'entrée de certains passages, les démons engageaient un combat féroce. Je me suis fait injurier, menacer, frapper, poignarder et étrangler par quelques-uns. Mon corps ressentait-il de la douleur ? Certainement ! Je sais qu'il y a des gens qui ne pourront croire que ce que je raconte soit la vérité, mais ces luttes étaient bien réelles. Par exemple, lorsqu'un démon a essayé de m'étrangler, j'ai eu la respiration coupée, physiquement, jusqu'à ce que j'arrive à me dégager. Je sentais vraiment ma trachée se contracter. Comment ai-je réussi à me libérer ? Par le pouvoir du nom de Jésus ! Et ce n'est pas toujours facile de prononcer Son nom lorsqu'on est à moitié étranglé. Il m'est arrivé à maintes reprises de quitter le lieu de l'intercession, en souffrance et totalement exténué.

Pénétrer dans le monde spirituel

Ces confrontations ont donné lieu à quelques sérieuses conversations avec le Seigneur, comme : « Pourquoi tous ces versets parlant de notre victoire sur le diable ? et 'Toute arme forgée contre toi sera sans effet' ? » Non seulement inexpérimenté, j'étais aussi ignorant. Je n'en pouvais plus de me faire cogner. Ne me comprenez pas mal, c'est nous qui étions vainqueurs, mais pour je ne sais quelles raisons, une quantité de blessures nous étaient infligées en cours de route. Pourtant, le Seigneur savait ce qu'Il faisait. Chaque bataille et chaque victoire faisaient grandir ma foi, en même temps que mon autorité dans le monde spirituel. Au cours des semaines, j'ai commencé à ressentir de moins en moins de douleurs lors de ces affrontements démoniaques. Puis j'ai découvert d'autres passages de l'Ecriture, où des héros de la foi avaient lutté, souffert, et même perdu la vie :

> *«...qui, par la foi, vainquirent des royaumes, exercèrent la justice, obtinrent des promesses, fermèrent la gueule des lions, éteignirent la puissance du feu, échappèrent au trenchant de l'épée, guérirent de leurs maladies, furent vaillants à la guerre, mirent en fuite des armées étrangères. Des femmes recouvrèrent leurs morts par la résurrection ; d'autres furent livrés aux tourments et n'acceptèrent point de délivrance, afin d'obtenir une meilleure résurrection ; d'autres subirent les moqueries et le fouet, les chaînes et la prison ; ils furent lapidés, sciés, torturés, ils moururent tués par l'épée, ils allèrent çà et là, vêtus de peaux de brebis et de peaux de chèvres, dénués de tout, persécutés, maltraités – eux dont le monde n'était pas digne – errant dans les déserts et les montagnes, dans les cavernes et les antres de la terre. Tous ceux-là, à la foi desquels il a été rendu témoignage, n'ont pas obtenu ce qui leur était promis...»*

Servir avec les Anges

Hébreux 11 v.33-39.

Aujourd'hui, le combat que je rencontre a sur moi un effet complètement différent. Tandis que j'expérimente beaucoup moins ses attaques sur le plan physique, l'ennemi a tendance à m'éprouver dans mes émotions. Vous vous demandez sans doute : « Pourquoi les attaques ont-elles changé ? » Tout fait partie du plan de formation que Dieu a en vue pour moi, et Lui seul connaît les raisons des phases suivantes. Je Lui fais simplement confiance, je Le suis et Lui obéis, quoi qu'Il me demande de faire dans la bataille.

Un des plus grands bienfaits de la présence des anges, quand vous avez à combattre dans le second ciel, c'est qu'à mesure que grandit votre autorité, l'engagement des anges dans la guerre augmente aussi. Quand ma formation a débuté, j'étais obligé de m'adresser aux démons un à la fois. Et très souvent ils me menaçaient de me tuer, moi ou mes bien-aimés. Mais l'engagement des anges finit par augmenter au point qu'ils se sont mis à interpeller les démons directement, et si j'avais quelque chose à dire au démon, je le confiais à un ange et il parlait pour moi. Voyez-vous comment, dans chaque rencontre, il m'était indispensable d'écouter le Seigneur et de Lui obéir ? Je ne pouvais sûrement pas me contenter d'engager un nouveau combat, ni d'accomplir une mission nouvelle, de la même manière que la fois précédente. Il me fallait rester attentif à ce que Dieu me disait au jour le jour.

Permettez-moi d'expliquer un terme que j'ai employé plus tôt et qui fera bientôt partie du vocabulaire chrétien : c'est le mot « portal » (tunnel). Il s'agit d'une voie de passage dans le monde spirituel. Il y en a qui conduisent dans les lieux célestes, d'autres qui mènent en enfer, tandis que d'autres se connectent entre eux sur cette terre. Les tunnels de la terre ou de l'enfer sont différents de ceux qui sillonnent les cieux. Les anges les parcourent en volant à la vitesse de l'éclair. Si vous vous en souvenez, j'ai parlé de l'esprit d'un assassin en enfer, qui est sorti par un de ces passages, ou tunnels. J'en ai vus ailleurs dans les cieux. La Bible contient plusieurs références à ces ouvertures :

> *« Après cela, je regardais et voici, une porte était ouverte dans le ciel : et la première voix que j'avais entendue et qui me parlait, comme le son d'une trompette, me dit : « Monte ici, et Je te montrerai ce qui doit arriver par la suite ».*
>
> *Apocalypse 4 v.1.*
>
> *« De même, quand vous verrez ces choses arriver, sachez que le Fils de l'homme est proche, à la porte ».*
>
> *Marc 13 v.29.*

Dans ces deux passages, le mot grec est « thura », qui signifie : portail ou entrée (une ouverture qui peut aussi être fermée – au propre ou au figuré) : porte, grille.

(Ndt : j'ai demandé à l'auteur si je pouvais, d'après le contexte, employer le mot « tunnel » et il m'a répondu : c'est exactement cela). L'ennemi utilise ces tunnels depuis des millénaires. La majorité de ces passages sont gardés, les uns par des anges de Dieu, les autres par des démons. Et ce n'est que sous une autorité spéciale que l'on y a accès. Les démons peuvent les emprunter pour descendre en enfer et en remonter, comme pour se déplacer sur et autour de la terre. (1)

Servir avec les Anges

Alors que le Seigneur m'envoyait en missions, j'ai pu voir ces tunnels et même y voyager ; et, à ma stupéfaction, j'ai vu des multitudes d'anges de ténèbres avoir accès aux tunnels vers les lieux célestes. Les esprits humains peuvent, eux aussi, accéder à certains de ces passages, en utilisant une méthode connue sous le nom de « projection astrale ». C'est là une activité extrêmement dangereuse ! Elle peut devenir mortelle ! Outre les conséquences éternelles qu'entraîne le fait de se rendre partenaires des démons, l'être humain peut vieillir prématurément ou même mourir en la pratiquant.(2)

Avant que les anges ne commencent à nous visiter de façon régulière, en nous formant au combat spirituel, nous n'avions pas remarqué combien souvent l'Ecriture employait les mots « porte » « ouverture » « chemin » et autres semblables. J'ai bientôt réalisé que, dans la plupart des missions où les anges du Seigneur m'emmenaient, l'objectif était directement d'obtenir soit l'accès, soit le contrôle de ces passages. Et une des opérations qui nous étaient confiées consistait à dégager des passages bloqués, ou contestés, menant du second au troisième ciel. La Bible parle, en effet, très clairement de trois ciels.

> « Celui qui est descendu, c'est le même qui est monté au-dessus de tous les cieux, afin de remplir toutes choses ».
>
> *Ephésiens 4 v.10.*

Derek Prince a écrit un petit ouvrage qui se lit rapidement - « Le combat spirituel » - il définit clairement comment sont divisés les cieux. Il souligne que si le mot « tous » est utilisé, cela signifie qu'ils se composent d'au moins trois parties. Derek Prince poursuit en précisant qu'il faut savoir que le quartier général de Satan ne se trouve pas en enfer, mais dans les lieux célestes : « Le quartier général de Satan est situé entre le ciel visible et celui où Dieu a Sa demeure » écrit-il. Or, le ciel visible est le premier ciel et 'celui où Dieu a Sa demeure' est le troisième ciel.

> « Car nous n'avons pas à lutter contre la chair et le sang, mais contre les dominations, contre les autorités, contre les princes de ce monde de ténèbres, contre les esprits méchants dans les lieux célestes ».
>
> *Ephésiens 6 v.12.*

Dans ce livre, quand nous disons : « les lieux célestes » nous parlons aussi bien du second ciel. Selon ce verset, nous constatons également que le royaume de Satan comporte des niveaux d'autorité bien définis. Croyez-moi, l'ennemi sait exactement ce qu'il fait. Jésus Lui-même a fait allusion à la cohérence du royaume de Satan. Matthieu 12 v.25-26 :

> « *Jésus, connaissant leurs pensées, leur dit : tout royaume divisé contre lui-même est dévasté et toute ville ou maison divisée contre elle-même ne peut subsister. Si Satan chasse Satan, il est divisé contre lui-même ; comment son royaume subsistera-t-il ?* »

En tant que congrégation, nous avons souvent été tout particulièrement chargés par le Seigneur de dégager les passages qui vont de notre église en direction du trône de Dieu, dans le troisième ciel. C'est là que se trouvaient les portes et les barrières qui ont exigé de nous tant de combats pour parvenir à les franchir. Je ne soulignerai jamais assez à quel point il est vital de suivre la manière dont Dieu nous conduit dans ce domaine. Croyez-moi, nous ne nous réunissons pas pour chercher quelque nouvelle bataille à livrer ! En fait, nous sentons souvent la proximité des démons mais, si Dieu ne nous a pas dit d'intervenir contre eux, nous nous contentons de plaider le sang de Jésus et nous les laissons tranquilles. Par contre, quand Il nous ordonne de combattre, NOUS COMBATTONS !

Quelles impressions éprouve-t-on en voyageant à travers un de ces tunnels ? Quand les anges y transportent votre esprit, vous pouvez ressentir une sensation de vibration, de palpitations. La même chose m'est arrivée en entrant dans des dimensions spirituelles nouvelles ou différentes. Les anges m'apprenaient, sous la direction du Seigneur, à passer d'un tunnel à un autre. A l'intérieur, nous pouvons également prier, prophétiser et exercer le combat spirituel. Il se déroule une quantité de combats à ces divers niveaux spirituels. En passant, laissez-moi préciser qu'il est absolument nécessaire de nous revêtir de notre armure spirituelle pour ce genre de missions. Voici deux passages particulièrement significatifs sur ce sujet : Ephésiens 2 v.6 et 3 v.10 :

> *« Il nous a ressuscités ensemble, et nous a fait asseoir ensemble dans les lieux célestes en Jésus-Christ... »*
> *« ...afin que les dominations et les autorités dans les lieux célestes connaissent aujourd'hui, par l'Eglise, la sagesse infiniment variée de Dieu... »*

(1) et (2) : **Twilight of the Labyrinth** de George Otis Jr. (p.90-91 et 26-27) 'Chosen Books' Grand Rapids, Michigan, 1997.

Chapitre 9

S'ENGAGER DANS LA GUERRE

> « *Car nous n'avons pas à lutter contre la chair et le sang, mais contre les principautés, contre les puissances, contre les princes de ce monde de ténèbres, contre les esprits méchants dans les lieux célestes* »
>
> Ephésiens 6 v.12.

Une chose très intéressante que j'ai apprise, en franchissant certaines portes, touchait la question de l'autorité. Il y avait des portes qui ne laissaient passer que des anges d'un grade particulier. Par exemple, à un moment donné, j'avais franchi avec succès une première porte et je m'apprêtais à passer la suivante, quand l'ange qui me conduisait me dit qu'il me fallait attendre l'arrivée d'un ange d'un rang supérieur avant d'aller plus loin. Le problème était que le pasteur Crawford, mon autorité spirituelle, était en vacances et qu'il fallait son autorisation pour que l'ange du grade supérieur soit libéré pour venir. Alors, sur le moment, la mission fut laissée en attente.

Comme je l'ai dit plus haut, dans les cieux, les anges sont rigoureusement gouvernés par les structures d'autorité établies par

Dieu. Les anges de ténèbres eux-mêmes respectent ces règles. Dès le commencement, le Créateur avait instauré une hiérarchie parmi les anges, avant que Lucifer ne se rebelle contre Lui avec le tiers d'entre eux.

> « Car en Lui ont été créées toutes les choses qui sont dans le ciel et sur la terre, les visibles et les invisibles, trônes, dignités, dominations, autorités. Tout a été créé en Lui et pour Lui ».
>
> *Colossiens 1 v.16.*

Nous savons par l'Ecriture que Lucifer était un ange d'un des rangs les plus élevés. Il n'y a pas que deux sortes d'anges : les archanges et les anges ordinaires. Comme dans les organismes militaires de notre temps, il existe un grand nombre de grades. Faites très attention aux listes de « hiérarchie céleste » ou de « hiérarchie angélique » que vous pouvez trouver sur Internet, dans certains livres sur les anges, ou même sur les logiciels sur la Bible. Ces documents ne sont pas confirmés par l'Ecriture et lui sont souvent contraires.

Les anges de Dieu respectent tous les niveaux d'autorité qu'Il a voulus, même quand il s'agit du rang des anges déchus. Par le mot respect, je ne dis pas que les premiers se soumettent ou qu'ils obéissent aux anges déchus. Mais je veux dire qu'ils reconnaissent et s'inclinent devant ceux qui ont reçu une autorité d'un niveau supérieur à la leur. Ainsi, les anges de Dieu recherchent l'aide de ceux qui ont un rang plus élevé parmi eux, pour affronter un ange de ténèbres du même rang. L'Ecriture nous donne de ce fait une description intéressante dans Daniel chapitre 10, où un ange avait été envoyé pour lui transmettre un message de la part de Dieu :

S'engager dans la guerre

« Le chef du royaume de Perse m'a résisté vingt et un jours ; mais voici, Michaël l'un des principaux chefs, est venu à mon secours, et je suis demeuré là, auprès des rois de Perse... Il me dit alors : Sais-tu pourquoi je suis venu vers toi ? Maintenant je m'en retourne pour combattre le chef de la Perse ; et quand je partirai, voici, le chef de Javan (la Grèce) viendra... »

Daniel 10 v. 13 et 20.

Ceci explique pourquoi ma mission avait été retardée. Le guide avec lequel j'étais envoyé était d'un rang inférieur à celui de l'ange des ténèbres qui gardait la seconde porte. J'ai donc été obligé d'attendre une semaine le retour de vacances de mon pasteur, pour qu'il envoie l'ange de rang supérieur, qui avait l'autorité pour m'aider à franchir cette porte. Une fois le pasteur revenu, nous avons prié, et l'ange a été envoyé. Alors, la mission a repris au point exact où nous l'avions laissée la semaine précédente.

Aujourd'hui, je n'informe pas mon pasteur à chaque instant de tout ce que les anges font avec moi. Cependant, le Père lui en communique les lignes générales, de sorte qu'il puisse me couvrir, en sa qualité de tête spirituelle au-dessus de moi. J'ai aussi l'habitude de vérifier et de partager avec lui tout ce qu'il y a d'important parmi les révélations ou les activités dans lesquelles je me trouve impliqué. J'ai fait de ce partage une pratique courante.

Personne ne peut décider, un beau matin, de partir s'amuser à circuler dans les tunnels. Ce type d'activité spirituelle doit être initié par Dieu et supervisé par Ses anges. Jamais je n'ai prié pour être emmené à travers un tunnel. Tout ce que j'ai demandé au Seigneur est de m'utiliser de toute manière qui Lui semblerait bonne. En ce qui concerne notre église, Il m'a envoyé devant, pour me faire obtenir certaines clés donnant accès à différentes portes, afin que je puisse les donner aux saints qui devaient m'y suivre. Une fois la bataille gagnée pour chacune des portes et leurs clés dans mes mains, les membres de notre église pouvaient s'y déplacer rapidement, en rencontrant peu, ou même pas de résistance. L'entrée d'un grand nombre de passages et de chemins du second ciel exige que l'on soit en possession de clés ou de codes. Là encore, Dieu communique aux croyants ces clés et ces codes. S'Il me le permet, je vous expliquerai dans un prochain livre comment ceux-ci fonctionnent.

Au fur et à mesure de ma progression au travers des nombreuses grilles et portes, en me frayant un chemin dans ces lieux célestes, je ne pouvais m'empêcher de penser au long cheminement qu'avait eu à parcourir 'Chrétien' dans « Le voyage du Pèlerin » (1). Cela ressemblait énormément aux expéditions d'un explorateur et, comme pour 'Chrétien', le Seigneur envoyait des guides angéliques pour m'aider le long de la route.

Les anges se sont montrés aussi une aide puissante dans l'arène des combats contre le monde démoniaque. Pourtant, même s'ils combattent avec nous et pour nous, ils ne sont souvent envoyés que pour nous former pour la bataille. J'ai eu à affronter différentes forces démoniaques en ayant les anges du Seigneur à mes côtés. Mais, dans la plupart des cas, c'est moi qui étais chargé de livrer tout le combat. Il est souvent arrivé que les anges mettent dans mes mains des armes inimaginables pour battre l'ennemi. Je remportais alors la victoire parce que je possédais l'arme qu'il fallait, au bon moment. Ils ont souvent aussi joué le rôle d'arbitres, afin de s'assurer que l'ennemi ne prenne pas l'avantage sur moi.

S'engager dans la guerre

En ce qui concerne cette formation à la guerre spirituelle, les étapes de l'entraînement, comme l'ordre dans lequel sont données les leçons, tout est conduit et orchestré par le Seigneur. A chacun de nous est confié un but et un dessein individuels dans le royaume de Dieu. Les dons, les onctions, les armes, les révélations, aussi bien que les expériences de formation que nous recevons de Lui, nous sont spécifiques. Tout est destiné à nous amener aux situations dans le temps, à la capacité, à la compréhension, qui permettront que Ses plans s'accomplissent parfaitement.

> *« Béni soit l'Eternel, mon rocher, qui exerce mes mains au combat, mes doigts à la bataille ».*
>
> *Psaume 144 v.1.*

Nous avons dans l'Ecriture une abondance d'exemples où Dieu prépare et entraîne Son peuple pour qu'il soit capable d'affronter et de vaincre ses ennemis. Rappelez-vous lorsque le Capitaine de l'armée de l'Eternel vint à la rencontre de Josué en lui donnant la stratégie pour la prise de Jéricho (Josué 5 v.13-15). Dieu a précisé que c'était intentionnellement qu'Il laisserait des nations païennes sur la Terre Promise, pour que la nouvelle génération d'Israël apprenne à faire la guerre.

> *« Voici les nations que l'ETERNEL laissa pour éprouver par elles Israël, tous ceux qui n'avaient pas connu toutes les guerres de Canaan. Il voulait seulement que les générations des enfants d'Israël connussent et apprissent la guerre, du moins ceux qui n'en avaient rien connu auparavant... »*
>
> *Juges 3 v.1-2 (anglais).*

Servir avec les Anges

Paul a ordonné à Timothée de se battre :

> *« Le commandement que je t'adresse, Timothée, mon enfant, selon les prophéties faites précédemment à ton sujet, c'est que, d'après elles, tu combattes le bon combat... »*
>
> *1 Timothée 1 v.18.*

Je me souviens encore que, quelques semaines à peine après notre voyage à Brownsville, deux anges m'avaient transporté en esprit, pour une mission. Je me suis trouvé soudain à l'intérieur d'une maison, où les anges m'ont posé par terre. Je les ai observés, pendant qu'ils fouillaient la maison à la recherche des démons : ils les ont trouvés, combattus et vaincus. Une fois la maison purifiée, les anges m'ont ramené dans l'église.

Lorsque le Seigneur nous envoie en mission dans le monde spirituel, il s'y trouve presque toujours incluse l'occasion d'apprendre une importante leçon. Il est évident que, chaque fois que nous acceptons Son invitation à être emporté en mission, notre foi en revient fortifiée. Comme croyants, il faut que nous apprenions à Lui faire confiance, sachant qu'Il prendra soin de nous et pourvoira à toutes les armes qui nous seront nécessaires. Nous devons aussi nous exercer à entendre la voix du Saint-Esprit, qui nous dirige dans ce que nous avons à faire. De façon très semblable, nous apprenons à écouter les anges, car ils nous apportent les informations nécessaires sur ce qui nous attend, et la manière dont nous devrons réagir.

Le Seigneur donne beaucoup de révélations sur les opérations des armées angéliques. Les anges ne passent pas tout leur temps à voler en chantant. Tous ont des rôles et des fonctions spécifiques. Comme les humains, ils agissent avec des objectifs précis. Rappelons-nous que, même s'ils ne sont pas omniscients, les anges connaissent tout des mouvements de l'ennemi. Une des découvertes qui m'a surpris fut de voir, dans le ciel, un équipement de haute technologie qui contrôle l'ennemi. Je fus stupéfait par la ressemblance de nos équipements actuels de surveillance avec celui qui existe au ciel. Le temps n'est pas éloigné où le Corps de Christ avancera dans les lieux célestes et pourra avoir accès à cette source très stratégique d'informations. Elle nous permettra de donner des paroles de connaissance à un niveau que nous n'aurions jamais imaginé. Nous savons que le prophète Elisée opérait à ce niveau stratégique dans la parole de connaissance :

> *« Le roi de Syrie était en guerre avec Israël et, dans un conseil qu'il tint avec ses serviteurs, il dit : 'Mon camp sera dans un tel lieu'. Mais l'homme de Dieu fit dire au roi d'Israël : 'Garde-toi de passer dans tel lieu, car les Syriens y descendent'. Le roi d'Israël envoya des gens, pour s'y tenir en observation, vers le lieu que lui avait mentionné et signalé l'homme de Dieu, ce qui l'avait sauvé non pas une fois, ni deux fois. Le roi de Syrie en eut le cœur agité ; il appela ses serviteurs et leur dit : 'Ne voulez-vous pas me déclarer lequel de nous est pour le roi d'Israël ?' L'un de ses serviteurs répondit : 'Personne, ô roi, mon seigneur ! Mais Elisée, le prophète, rapporte au roi d'Israël les paroles que tu prononces dans ta chambre à coucher !' »*
>
> *2 Rois 6 v.8-12.*

Le Seigneur désire que Son Eglise parvienne à une « connaissance » qui paralysera l'ennemi. Dieu va nous attirer dans une position en Lui, où nous serons avertis des attaques de l'adversaire à l'instant où il les préparera. Jusqu'ici, l'église s'est généralement contentée de réagir à ce qu'il faisait. Nous n'avons aucune idée de l'endroit où il va frapper ; en fait, c'est notre ennemi qui semble être, d'avance, au courant de ce que nous allons faire ! Pourtant, permettez-moi de vous rappeler qu'il n'est pas non plus omniscient ! Cependant, il a sûrement un moyen d'intercepter les réponses à nos prières et de s'informer de nos plans (voir Daniel 10). Or Dieu promet à Ses enfants la même connaissance par la révélation :

> *« Il n'y a rien de caché qui ne doive être découvert, ni de secret qui ne doive être connu. C'est pourquoi tout ce que vous aurez dit dans les ténèbres sera entendu dans la lumière et ce que vous aurez dit à l'oreille dans les chambres sera prêché sur les toits »*
>
> *Luc 12 v.2-3.*

Comment accéder à ce plus haut degré de « connaissance » ? Tout commence lorsque nous prenons notre place, assis dans les lieux célestes en Christ ! Ce n'est pas pour après notre mort. Nos sièges nous attendent dans le ciel MAINTENANT ! Et dès que nous nous lancerons dans notre ministère à ce niveau-là, nous en apprendrons bien davantage sur la technique de l'activité des anges. A mesure que nous apprendrons d'eux où se situent les forteresses de l'ennemi et quelle méthode est la plus efficace pour les faire tomber, nous commencerons à décocher quelques coups terribles dans son camp.

L'ennemi a certains moyens pour découvrir une bonne partie des projets divins, et il réunit ses conseils démoniaques pour trouver des stratégies en vue de les faire échouer. Tandis que, de notre côté, en règle générale, nous ne nous donnons pas la peine d'insister à rechercher ce qu'il a prévu comme représailles. Mais les saints vont se voir envoyés en grand nombre comme espions, pour écouter ce qui se trame dans ces conseils. Obtenant des informations sur ses plans, nous deviendrons capables de prier et d'intercéder en conséquence. Nous causerons alors une grande confusion dans les rangs ennemis.

C'est exactement ce que faisait Elisée.

Dieu accorde maintenant à Ses enfants l'accès à plusieurs des ressources qui étaient, jusque-là, principalement réservées à Ses anges. Notre adversaire a ses propres sources d'informations, et ceux qui paient le prix fort pour le servir sur la terre, ont la capacité d'utiliser ces sources. Les démons se servent des médiums, des cartomanciennes et autres voyants, des astrologues, lors de leurs séances et par beaucoup de méthodes moins connues. Il a dérobé une connaissance qui n'aurait jamais dû appartenir à ses serviteurs. Quant à l'Eglise, dans son ignorance et son apathie, elle s'est malheureusement détournée de celle dont Dieu voulait qu'elle jouisse afin de vaincre Satan. L'église ne s'est jamais vraiment approprié sa place dans les lieux célestes et n'a donc pas pu posséder les richesses préparées pour elle. C'est pour cela qu'elle n'a pas été capable d'attaquer le royaume de l'ennemi avec la violence dont le Seigneur voulait qu'elle fasse preuve.

Le diable a trompé le peuple de Dieu, en lui laissant croire que sa position légale et son combat se situaient sur cette terre. Il n'a pas eu vraiment à s'inquiéter de la protection du quartier général de son royaume dans le second ciel. Du fait que très peu de chrétiens se soient levés dans l'autorité spirituelle de leur position dans les lieux célestes, il n'a pas été harcelé à ce niveau-là. La connaissance surnaturelle nous a manqué, ainsi que les armes que Dieu avait conçues pour nous. Et par-dessus tout, nous manquions de passion pour le cœur du Père, cette passion qui nous était nécessaire pour prendre notre juste place dans Ses lieux célestes.

Vous ne pouvez véritablement connaître le Seigneur, ni à quel point Il est majestueux, avant de vous être assis avec Lui dans les lieux célestes. Pourquoi est-ce seulement maintenant que nous entendons ces choses ? ... Elles sont dans la Parole... elles y ont toujours été ! Nous avons seulement été trop aveuglés par la convoitise de la chair, la convoitise des yeux et l'orgueil de la vie, pour les voir. Aujourd'hui, c'est douloureusement que le Seigneur les rend évidentes à l'église, à cause de ce qui est juste devant nous : les dernières heures du temps de la fin !

Sans entrer maintenant dans plus de détails, qu'il me suffise de dire que le niveau du mal sur notre planète va bientôt s'envoler hors de toutes proportions. Quand cela arrivera, si un croyant n'est pas entré dans sa position légale d'autorité dans les lieux célestes, il fera face à un incroyable danger. Le Maître nous avertit dans Matthieu 24 de la séduction qui vient sur le monde entier. Beaucoup des « guerres et bruits de guerre » viendront de celles qui se livreront dans le monde spirituel. Je ne dis pas cela pour me montrer fataliste, ni pour créer la panique, seulement, je sais que le Seigneur désire que les Siens se décident à prendre leur place d'autorité et à combattre.

Je Lui suis tellement reconnaissant pour la préparation qu'Il nous a accordée ! Je suis aussi réjoui de ce qu'au fur et à mesure que j'interviens dans le domaine spirituel, je ne suis plus attaqué aussi durement, ni aussi fréquemment, qu'au début. Lorsque nous nous mettons à le dominer depuis notre position céleste en Jésus-Christ, l'ennemi fait beaucoup plus attention à ne pas nous frapper n'importe comment. Il sait que nous avons autorité pour nous occuper de lui. Il sait aussi que nous portons des armes capables de le détruire. Que vous soyez d'accord ou non sur le fait qu'il nous faille combattre, je vous en prie, envisagez avec sérieux de demander à Dieu de vous faire entrer dans votre position de gouvernement avec Lui. Il attend que Ses saints se joignent au ciel pour proclamer Sa gloire :

> *« Les cieux racontent la gloire de Dieu, et le firmament manifeste l'œuvre de Ses mains »*
>
> *Psaume 19 v.1.*

Comme je l'ai dit plus haut, j'ai été attaqué, poignardé ou étranglé en plusieurs occasions, lors de diverses missions que mon esprit accomplissait avec les anges. Mais à mesure que mon autorité spirituelle grandissait, d'un côté par ma participation volontaire, d'un autre à force de gagner des batailles, les attaques ont eu moins d'effets sur moi. Au début, même si elles se déroulaient sur un plan spirituel, j'en ressentais de la souffrance dans mon corps. Au moment où j'ai été fortifié par l'armure et avec les armes reçues des anges, elles ont mis fin ensemble au moins à la douleur que me causaient les attaques. Alors, j'ai commencé à infliger au camp de l'ennemi beaucoup de souffrance et de dommages.

> *« Car nous ne luttons pas contre la chair et le sang, mais contre les dominations, contre les puissances, contre les princes de ce monde de ténèbres, contre les esprits méchants dans les lieux célestes ».*

Servir avec les Anges

Ephésiens 6 v.12.

En une certaine mission, en Décembre 1998, j'ai été transporté dans un tunnel d'une espèce différente : J'y ai vu deux démons à l'aspect terrifiant. C'était un endroit où le mal dominait au point que j'en fus submergé. Des anges se trouvaient là avec moi et m'ont tendu une épée pour que je m'en serve pour le combat dans ce tunnel. Cela nous prit un peu de temps, mais nous avons réussi à passer. A la fin de cette bataille, il y a eu une grande fête, et les anges m'ont expliqué que j'avais passé un test. Ensuite, je me suis retrouvé au ciel et, après que l'on m'ait rendu honneur, j'ai donné à Jésus le butin récolté pendant la bataille. A cet instant, il a été mis quelque chose à l'intérieur de moi.

Outre l'apprentissage de la guerre contre l'ennemi, le processus par lequel Dieu a conduit nos intercesseurs nous a appris comment travailler avec les anges. Ils sont tous tellement différents les uns des autres ! Parmi ceux qui m'avaient été assignés lors des batailles dans le second ciel, beaucoup étaient des anges guerriers. J'ai appris à avoir confiance en leurs paroles et leurs avertissements, car c'étaient des paroles du Seigneur. Souvent nous furent envoyés des anges serviteurs pour nous encourager et nous fortifier, après des rencontres particulièrement violentes avec l'ennemi. Et en certaines occasions, des anges revêtus de l'onction de louange et d'adoration venaient nous aider à élever notre esprit. Alors, quels moments de réjouissance nous passions ! Ces moments étaient ceux que je préférais.

Presque pour chaque victoire remportée, je recevais une qualité d'onction, ou un cadeau de la part du Seigneur, qui m'étaient remis par Ses anges. J'ai reçu des couronnes à plusieurs reprises, une fois une robe, des bagues, différentes épées. Pour je ne sais quelle raison, j'ai reçu plusieurs épées, diverses par leur taille et par le degré de leur décoration. (J'ai appris depuis, que ces épées représentaient des révélations de vérités divines, pouvant servir comme des armes contre l'ennemi). Il est aussi arrivé parfois que soient déposées dans mon esprit des choses impossibles à décrire.

> *« Et je dis : Que l'on (les anges) mette sur sa tête un turban (diadème) pur ! Et ils mirent un turban pur sur sa tête, et ils lui mirent des vêtements. L'ange de L'ETERNEL était là ».*
>
> *Zacharie 3 v.5.*

Je sais que certains ont besoin de voir de leurs yeux pour arriver à croire. Il est d'ailleurs difficile de fournir la preuve de ce que Dieu a accompli dans votre esprit. Malgré tout, j'ai été émerveillé par les confirmations que m'ont données ceux qui avaient un don de visionnaire, en me décrivant les onctions et les armes spirituelles que je savais avoir reçues. Et comme si tout cela n'était pas encore assez incroyable, j'ajouterai que les anges sont parfois venus m'apporter des armes high-tech, spécialement confectionnées pour cette heure. Ces armes sont très originales et sophistiquées : certaines sont utilisées pour paralyser l'ennemi, d'autres pour sa destruction. Dieu est aussi en train de nous équiper de moyens qui étaient prévus, à l'origine, pour les anges. Il s'agit entre autres d'appareils qui aident à communiquer avec eux, et d'autres équipements, nous permettant de nous déguiser ou de nous cacher aux yeux de l'ennemi.

> *« Car, Il me protégera dans Son tabernacle au jour du malheur, Il me cachera sous l'abri de Sa tente ; Il m'élèvera sur un rocher ».*

Servir avec les Anges

Psaume 27 v.5.

J'ai appris à vivre en étant toujours aux aguets. Car lorsque je viens de passer un moment merveilleux dans l'intercession, je sais qu'il y a de fortes chances que je sois attaqué à boulets rouges par l'ennemi. Ces attaques nous atteignent à titre individuel, mais souvent aussi touchent le corps de l'église. Nous voyons toujours à nouveau Satan lancer des séries d'assauts identiques à l'encontre de divers membres simultanément. Nous prenons donc, chaque semaine, un temps à part avec nos intercesseurs pour sérieusement passer en revue les stratégies que l'ennemi emploie à ce moment-là. Par exemple, cette pensée envahissante : « Je suis le seul à être attaqué ; je ferais mieux de rester tranquille, sinon tous les autres se diront que je ne suis pas si spirituel que cela ». Une fois que la chose a été mise à la lumière, presque tous ont réagi en disant : « C'est exactement la pensée contre laquelle j'ai dû me battre toute cette semaine ! » Des esprits démoniaques tels que Jezabel, Absalom, Bélial et Beelzebul, nous agressent continuellement. Invariablement, leurs assauts contre notre église sont portés en premier contre les leaders, ou bien s'attaquent directement à leur autorité.

Chapitre 10

IMPORTANCE DU DISCERNEMENT

« Mais la nourriture solide est pour les hommes faits, pour ceux dont le jugement est exercé par l'usage à discerner ce qui est bon de ce qui est mauvais ».

Hébreux 5 v.14.

Beaucoup diront qu'il n'est pas prudent d'exercer le ministère avec les anges. Ils peuvent avoir le sentiment que le risque est trop important que l'on entende un démon au lieu d'un ange du Seigneur. Croyez-moi, cet argument vient directement de Satan. Car c'est son intérêt de s'assurer que nous trouverons n'importe quelle excuse pour ne pas nous engager dans un tel ministère ! Il fera tout pour nous décourager ou nous effrayer.

Quand le Seigneur a commencé à m'ouvrir le monde angélique, j'étais rempli de doute et un peu craintif. Je n'étais pas certain d'avoir la permission de laisser se produire ce genre de rencontres. Mais le Saint-Esprit m'encourageait et m'inondait d'une paix merveilleuse au sujet de cette expérience, en même temps qu'Il me donnait une onction de discernement incroyable. Il a commencé à me communiquer la sagesse nécessaire pour savoir si l'ennemi était impliqué, ou pas, dans une situation donnée ; et Il m'a faire comprendre que je n'avais rien à craindre, parce que Dieu est complètement en charge de tout. Aussi longtemps que nous restons soumis au Seigneur et aux autorités que Dieu a établies sur nous, nous sommes parfaitement protégés. Par contre, ceux qui vivent dans la rébellion, n'auront pas de rencontres avec des anges, mais pourraient fort bien en avoir avec des démons.

Ce principe étant bien compris, la première chose à faire pour se préparer à des visitations des anges de Dieu, c'est de Lui demander le don du discernement des esprits. Un des livres les meilleurs que j'aie trouvés là-dessus est « Sharpen your discernment » - de Roberts Liardon (Aiguisez votre discernement). Dans notre école de formation de ministères, nous avons deux cours sur le discernement, que les étudiants doivent obligatoirement suivre, avant de s'enrôler dans notre classe appelée '**Servir avec les Anges**'.

Je vous suggère de contacter notre église sur le site www.thefatherschurch.org ou par téléphone, au n° 001 214 821-5290, pour plus de renseignements sur ce cours sur le discernement, si vous vous posez des questions.

Voici quelques points qui vous aideront à développer en vous ce don spirituel. Avant tout, sachez que Dieu tient le contrôle et que c'est Son désir de vous donner le discernement nécessaire pour que vous ne vous laissiez pas tromper. En second lieu, vous devez Lui demander l'onction qui va avec ce don. Enfin, il faudra faire ce qu'Il vous demandera pour que le discernement se trouve activé dans votre marche avec Lui. LE DISCERNEMENT DOIT SE PRATIQUER.

Importance du discernement

« Car la nourriture solide est pour les hommes faits, pour ceux dont le jugement est <u>exercé</u> par l'usage à discerner ce qui est bon de ce qui est mauvais ».

Hébreux 5 v.14.

Notre cours sur ce sujet n'est pas théorique, mais très pratique. L'ouvrage de R.Liardon est un outil inestimable pour ce type d'enseignement. Les étudiants doivent également écrire un commentaire du livre de Bob Beckett <u>Commitment To Conquer</u> – (déterminé à vaincre). Ce livre-ci présente le discernement sous un jour encore plus large. Car Dieu veut que nous soyons capable de discerner sur un plan personnel, aussi bien qu'au niveau de la société. Et, plus important que tout, nous étudions le livre de Néhémie, qui contient un éclairage magnifique sur cette capacité spirituelle.

Lorsque la classe eut reçu un certain degré d'instruction sur le don de discernement des esprits, nous avons demandé aux élèves de se rendre dans une librairie locale. Le Seigneur m'avait indiqué précisément vers laquelle les diriger, en me disant qu'Il utiliserait cette visite pour activer leur discernement. Chaque élève devait mettre par écrit tout ce qu'il avait ressenti en parcourant l'immense librairie, même si leurs réactions leur semblaient sans importance. Le lieu était rempli d'influences démoniaques de toutes sortes, du Nouvel Age à la sorcellerie. Plusieurs étudiants ont, pour la toute première fois, discerné des influences néfastes ; quelques-uns ont même éprouvé des réactions physiques à la présence des démons. Plusieurs ont eu l'impression que ceux-ci les suivaient dans leurs déplacements à l'intérieur du magasin. Certains élèves ont senti des douleurs dans différents endroits de leur corps, d'autres ont eu envie de vomir. Chaque croyant est sujet à des réactions différentes en discernant les esprits. L'essentiel est de découvrir de quelle manière Dieu vous alerte au fait que vous êtes en présence de forces démoniaques.

Pour le second cours, les étudiants étaient divisés en groupes de 4 ou 5 et envoyés sur des points précis de la ville, pour qu'ils discernent l'activité démoniaque s'exerçant à chaque endroit. Et là encore, le Seigneur a été fidèle en dévoilant aux différentes équipes les forteresses de l'ennemi. Beaucoup ont vu les démons, ainsi que des structures démoniaques dans le monde spirituel. Un groupe a vu les démons s'enfoncer et disparaître dans le sol, au moment où il arrivait sur place en voiture.

Le Seigneur nous a appris à discerner les deux mondes : celui des anges et celui des démons. Pourquoi ? Je suis persuadé que la raison est qu'Il ne veut pas que nous puissions être trompés. Il sait que l'ennemi viendra, déguisé en ange de lumière, pour essayer de nous séduire. L'Ecriture parle d'avoir « un jugement exercé, pour discerner ce qui est bon et ce qui est mauvais ». Notre objectif étant de rechercher Son royaume, Dieu nous donnera le discernement nécessaire pour reconnaître les contrefaçons d'onctions de l'ennemi. Il nous a même donné une preuve écrite pour connaître si l'ange qui se présente à nous vient de Lui, ou des ténèbres :

Importance du discernement

> *« Reconnaissez à ceci l'Esprit de Dieu : tout esprit qui confesse Jésus-Christ venu en chair est de Dieu ; et tout esprit qui ne confesse pas Jésus-Christ venu en chair, n'est pas de Dieu. C'est celui de l'antéchrist, dont vous avez appris la venue et qui, maintenant, est déjà dans le monde ».*
>
> *1 Jean 4 v.2-3.*

Croyez-moi ce verset fonctionne ! S'il m'arrive d'avoir l'ombre d'un doute sur l'identité d'un ange qui me parle, je lui pose cette question : « Peux-tu confesser que Jésus-Christ soit venu dans la chair ? » Aussitôt, les anges du Seigneur se mettent à se réjouir, tandis que les autres s'éclipsent rapidement, ou tentent de changer de sujet, sans répondre à la question. Faites confiance à la Parole ! Certains se demanderont peut-être « Et qu'est-ce que je fais s'il ne répond pas ? » Les anges de Dieu REPONDRONT toujours. Nous pouvons être pleinement confiants dans le Seigneur sur ce point.

Tous ne progressent pas avec la même rapidité dans l'apprentissage du discernement. Certains se montreront aussitôt fort doués, et il faudra à d'autres davantage de temps. Je crois pourtant que Dieu désire pour TOUS Ses enfants qu'ils soient capables de discerner avec une clarté et une précision plus grandes. Dans Matthieu 24, Jésus a averti Ses disciples des séductions qui viendront sur la terre. Et celles-ci ne feront qu'augmenter à la fin des temps :

> *« Et Jésus leur répondit et dit : 'Prenez garde que vous ne soyez séduits ».*
>
> *Matthieu 24 v.4.*

Le seul moyen de ne pas se laisser séduire est de connaître la vérité. Et pour connaître la vérité, nous devons être capables de discerner avec précision. Si vous décidez de ne pas exercer de discernement à l'égard des anges, permettez au moins au Saint-Esprit de vous enseigner comment reconnaître l'activité de l'ennemi.

Dieu veut que TOUS Ses enfants soient puissamment à l'aise dans le discernement des esprits. Nous devons dépasser le stade de juste ressentir des « émotions surnaturelles » au sujet de quelqu'un ; allons jusqu'à découvrir quel esprit l'attaque ou l'influence. Quels esprits avons-nous besoin de savoir discerner ? Il y a les esprits méchants, ceux des anges, ceux des humains – et l'Esprit du Seigneur. Nous devons parvenir à discerner le bien et le mal. Un mot de précision : la plupart de nos étudiants ne voient pas les démons, mais perçoivent qu'ils sont proches.

Après nous avoir enseigné comment reconnaître la présence des démons, le Seigneur nous a appris à reconnaître celle des anges. Puis Il a confié à quelques-uns d'entre eux le soin de commencer à nous former à travailler avec eux. Quand la même chose commencera à se passer chez vous, l'effet qu'elle produira sur votre assemblée sera incroyable !

Chapitre 11

EXERCICES PRATIQUES AVEC LES ANGES

(l'auteur emploie le mot « Activations »)

« Ceux qui t'instruisent ne se cacheront plus, mais tes yeux verront ceux qui t'instruisent. Tes oreilles entendront derrière toi la voix qui dira : C'est ici le chemin, marchez-y ; quand vous iriez à droite, ou vous iriez à gauche ».

Esaïe 30 v.20-21.

Avant de continuer à vous expliquer comment le Seigneur nous a appris à servir avec les anges, il y a quelques détails que chacun doit bien connaître à leur sujet. J'ai tiré plusieurs versets de l'Ecriture, mais il y en a évidemment bien davantage.

◊ Les anges éprouvent des émotions ; par exemple ils se réjouissent du salut de chaque pécheur (Luc 15 v.10).

◊ Ils apportent des messages et des dons. Le mot 'ange', en Grec comme en Hébreu, signifie 'messager' (Zacharie 3 v.3-5 – Luc 1 v.11-21 – Actes 10 v.3-7).

◊ Les anges sont au service du Seigneur, qui les envoie pour « exercer un ministère en faveur de ceux qui doivent hériter du salut » (Hébreux 1 v.14).

◊ Il existe au milieu d'eux des rangs différents et de l'ordre (Daniel 10 v.10-21).

◊ Ils agissent toujours dans un but (Hébreux 1 v.7).

L'Ecriture ne précise nulle part le genre des anges, mais elle emploie en parlant d'eux des noms et des pronoms masculins. L'usage du féminin dans la pratique séculière, qui les dépeint pleins de douceur, de beauté et d'amabilité, prête beaucoup à confusion. Ces messagers sont puissants, remplis de force et ils nous sont envoyés avec des objectifs précis et une profonde sagesse. Ils ne cherchent pas à gagner leurs ailes et n'ont pas besoin d'accomplir leurs missions pour mériter le ciel.

Par ailleurs, il y a trop de gens, y compris des chrétiens, qui pensent qu'ils ne sont là que pour les tirer d'affaire dans les situations critiques. Nous leur attribuons généralement un rôle « d'anges gardiens » qui limite à nos yeux l'étendue de leurs activités. Alors, si seulement nous voulons bien être attentifs et participer à Son plan, Dieu enverra Ses anges pour qu'ils opèrent dans une plus grande interaction avec Ses enfants, en cette heure qui est la nôtre. Si nous entrons dans ce partenariat avec le Seigneur et Ses anges, des

Exercices pratiques avec les anges

perspectives inimaginables s'ouvriront devant nous. Plus il y aura de croyants qui feront l'expérience d'une telle collaboration, moins étranges paraîtront leurs rencontres. J'espère que vous serez de ceux qui sortiront de la barque, pour entrer dans cette extraordinaire dimension du royaume de Dieu.

Lorsque le Seigneur m'a dit qu'Il voulait que je fasse un cours sur le ministère avec les anges, j'avais beaucoup de questions à Lui poser : Comment étais-je sensé m'y prendre ? Que devrais-je faire au cas où cet enseignement serait rejeté ? Il me répondit de ne pas me préoccuper de ce que les gens en penseraient ou en diraient, mais de simplement obéir, en Le laissant Se charger des conséquences. Il m'a invité à instruire les étudiants à partir de ce qu'Il m'avait appris personnellement, en suivant certaines directions bien précises.

Avant de commencer le cours, Il m'a conduit à choisir huit étudiants, pour faire avec chacun d'eux des exercices pratiques en compagnie des anges. J'ai simplement eu à prier que Dieu ouvre leur esprit à ce niveau du monde surnaturel. Et dans Sa grande fidélité, Il leur a laissé voir Ses anges. La manière dont ils sont venus et les ont bénis fut extraordinaire. Presque tous les élèves ont senti leur présence et plusieurs ont tenu une conversation avec eux, tandis que certains les voyaient pour la première fois. D'autres ont commencé à recevoir des visitations angéliques sur leurs lieux de travail ou chez eux. Pour moi, c'était merveilleux de voir ces mêmes expériences arriver à d'autres personnes !

En commençant le cours proprement dit, j'ai désigné les huit premiers comme 'capitaines' d'équipes de 4 à 5 étudiants. Ces capitaines réunissaient leurs équipes, demandaient au Seigneur de leur envoyer les anges, et Il le faisait. Chaque groupe a participé à environ cinq de ces exercices pratiques (ou 'activations'). Et dans chaque groupe, les étudiants ont vécu des rencontres individuelles diverses avec les anges. Puis ils consignaient dans un journal les rencontres qu'ils avaient eues, soit dans leurs groupes, soit dans leurs moments de prière privés. Voici quelques extraits de ces journaux :

Au cours de cet exercice, j'ai senti que des anges marchaient avec moi. A ce moment-là, ils étaient trois. Ils se tenaient derrière moi. J'ai compris que chacun marchait avec moi dans un domaine spirituel particulier. L'un d'eux était à notre niveau, un autre dans le domaine céleste où se déroulent les combats spirituels, et le troisième m'accompagnait devant le trône de Dieu. Chacun portait les caractéristiques du domaine dans lequel il exerçait son ministère. Celui qui était lié au trône était vêtu pour l'adoration ; l'ange guerrier avait une armure imposante, et l'autre semblait simplement observer tout ce qui se passait autour de moi.

A.D., Dallas, Texas.

J'étais arrivé près de 5 mn en retard ! Dès que j'ai commencé à prier, j'ai eu un très bon moment de prière ! J'ai su que les anges étaient là, car leur présence était évidente. J'ai vu l'image d'un ange très grand, à la chevelure blonde et bouclée, dont le regard pur, aimant et puissant en même temps, m'attirait – il était à peu près 3 ou 4 fois plus grand qu'un homme – il devait mesurer 7 à 8 mètres.
Il n'a pas dit un mot, je l'ai seulement vu se tenant près de l'autel, devant la chaire – regardant notre groupe !

K.M., Garland, Texas.

En montant l'escalier menant à une de nos salles de prière, je me suis rendu compte qu'un ange montait avec moi. Et dès que nous sommes entrés dans la pièce, la conversation s'est engagée entre nous deux. Elle a duré entre une demie heure et une heure. Je ne l'ai pas su exactement.

J'aurais souhaité pouvoir tout noter par écrit mais, sur le moment, je ne voulais surtout pas interrompre la conversation. Je me souviens de certaines paroles, et je vais essayer brièvement de les rapporter :

Il m'a dit que son nom était Jérôme. Il a ajouté « Je me tiens auprès de l'Archange Michaël ».

C'est tout récemment qu'il avait été désigné pour venir auprès de moi.

Il m'a dit qu'il me donnerait des réponses sur tout ce qui me concernait et qui touchait aux plans du Père.

Il était envoyé pour m'instruire, me protéger et veiller à ce que l'ennemi n'empêche pas la réalisation des projets de Dieu.

Je lui ai demandé s'il était TOUJOURS avec moi. Sa réponse fut qu'il se déplaçait ici et là (il montrait différentes directions) mais qu'il restait constamment averti de l'état où je me trouvais et volait comme l'éclair à l'ordre du Tout Puissant (à mon secours).

Il m'a ordonné de ne dire rien de plus, ni rien de moins que ce que j'entendrais ou verrais. Car tout serait très spécifique et à dessein, sur des circonstances me touchant moi-même ou d'autres personnes.

Il a dit que les anges sont heureux d'observer ce qui concerne les hommes et en particulier 'tout ce qui arrive' aux héritiers du salut. Ils aiment aussi beaucoup nous voir nous témoigner de l'amour les uns envers les autres, parce que cela plaît au Seigneur.

Puis il me dit de le suivre autour de la pièce.(Cela me parut étrange, mais comme je voyais où il mettait les pieds, je pouvais simplement obéir et le suivre).

Pendant tout le temps, la conversation était si naturelle ! Elle ne me semblait pas étrange. Pourtant C'EST vraiment quelque chose d'extraordinaire !

J.V., Dallas, Texas.

Servir avec les Anges

Au moment où j'entrais dans le sanctuaire, j'ai senti une onction spéciale. Resté debout, j'ai eu le sentiment qu'un ange se tenait à côté de moi et mon parler en langues s'est élevé à un niveau incroyable, en même temps que mon corps se déplaçait d'un côté sur l'autre. Puis nous avons rejoint un groupe d'étudiants et mon langage s'est encore accéléré, tandis que mon corps se balançait de plus en plus et d'avant en arrière, au point que j'ai failli tomber. Ceci a duré pendant tout le temps de l'activation. Ensuite, un ange s'est mis à parler avec moi. Et voici ce qu'il m'a dit : « Le Seigneur est en train de te préparer pour de grandes choses. Tu as en toi le chant du Seigneur. Chante pour le Père ! » Il continua en disant que je nageais dans des eaux troubles, mais que j'étais juste sur le point de gagner les eaux claires du Seigneur. Il me dit de m'attacher entièrement au Père, de Lui donner pas 99%, mais 100%.

R.M., Garland, Texas.

J'étais arrivé quelques minutes en avance et Paul se trouvait déjà sur la tribune, en pleine prière, en pleine activité angélique. J'ai su alors, dans mon esprit, que l'armée céleste était présente. J'ai grimpé les escaliers, j'ai ouvert la porte et Paul m'a invité à m'asseoir sur le siège qu'il occupait juste avant.

Aussitôt, un ange qui se trouvait assis à ma droite et avec lequel j'avais été en contact les Mercredis précédents, me dit de lui prendre la main. Il insistait à dire qu'on se tienne 'les mains' et je pensais : 'nous nous tenons tous deux par la main'. Finalement je me suis levé et j'ai fait le geste de prendre son autre main, alors j'ai distingué sa silhouette, un peu floue, debout devant moi, tenant mes mains dans les siennes. L'ange semblait mesurer à peu près deux mètres dix et je fus complètement enveloppé par sa présence. Je n'étais ni inquiet, ni effrayé, mais dans l'attente de recevoir ce qu'il avait à me dire.

Exercices pratiques avec les anges

Il me dit d'ôter mes souliers. Comme je lui demandais pourquoi, il répondit que je me tenais sur une terre sainte. Ce à quoi j'ai repris humblement que j'étais dans la tribune de l'église. Mais il insista en ces mots : « Tu te trouves, en esprit, dans les lieux célestes ».

J'avais des picotements dans les mains et une sensation de courant électrique. Je compris que quelque chose m'était communiqué. L'ange m'expliqua que cette sensation était en rapport avec une guérison physique, comme avec des guérisons du cœur, ce que j'ai interprété comme guérisons des blessures et souffrances émotionnelles et psychologiques.

Puis il me demanda de toucher les mains des anges qui se tenaient autour de lui. Un des intercesseurs vint prier à mes côtés et il me raconta ensuite que j'étais entouré par des anges. Je savais qu'il y en avait au moins cinq, sans compter celui qui avait communion avec moi. Je n'ai rien senti de particulier en tendant la main, par la foi, pour toucher les leurs. Puis je fus interrompu par Paul qui nous demandait de nous approcher pour la prière finale, vu qu'il était presque sept heures. Une fois de plus, le temps avait passé à toute vitesse.

Tout au long de ce moment d'exercice, j'avais prié en des langues diverses. J'étais sans arrêt conscient de ce qui m'entourait, tout en me perdant facilement dans l'Esprit pour revenir à la réalité. Ce processus se répétait continuellement. Parfois, les voix des autres intercesseurs présents s'élevaient en un chœur uniforme et puis s'abaissaient. A un certain moment, j'ai demandé à celui qui parlait avec moi combien il y avait d'anges dans ce lieu et il répondit qu'il y en avait un avec chaque personne et une multitude d'autres encore.

T.S., Dallas, Texas.

Cette soirée était merveilleuse ! Nous étions dans une si grande et parfaite unité dans l'Esprit ! Nous avons senti distinctement les anges arriver. Mon esprit a fait un bond jusqu'au ciel. Au même instant, différentes manifestations se produisaient pour d'autres membres de l'équipe. Nos langues se sont élevées, ont gagné en force, en énergie et en créativité. Il y avait une présence très réelle. Nous entrions dans une nouvelle dimension de foi, nous le sentions. Il y avait dans l'air une confiance et une joie que je n'avais jamais connues.

Et juste au moment où nous pensions avoir terminé, un des pasteurs est monté. On a immédiatement senti s'élever le niveau d'autorité et la puissance de la compagnie d'anges autour de lui. De toute évidence, ils avaient quelque chose pour chacun de nous, à travers la prière de notre pasteur. Pendant qu'il priait pour nous, l'Esprit opérait un dépôt différent en chacun, mais qui était distinctement ce que le Seigneur avait pour nous individuellement en cet instant précis. Par dessus tout, ce qui nous fut donné de la part du Seigneur, fut comme un sceau sur le nouveau degré de foi où Il nous avait élevés.

M.T., Dallas, Texas.

On nous a demandé de nous mettre deux par deux où nous voulions dans la tribune, de prier ensemble à haute voix dans l'Esprit, et de voir ce qui se passerait. J'ai pris J.P. avec moi et nous sommes allés dans le coin tout en haut.

Peu après, j'ai remarqué un changement, et même deux, dans les langues que je parlais. Ensuite, je me suis aperçu que je m'exprimais suivant un rythme, une mélodie. Alors j'ai continué. J'ai senti alors qu'il y avait un ange avec moi et c'est lui qui me conduisait dans cette mélodie simple, joyeuse et enfantine, de louange au Seigneur. C'était un vrai plaisir ! C'est à ce moment-là que le pasteur Paul m'a appelé à venir à l'endroit où se tenait l'ange. J'ai obéi et, en y allant, j'ai senti mon esprit projeté vers le haut, comme si j'étais entré dans un tunnel à sens unique vers le ciel, dans une explosion de puissance et de gloire. C'était impressionnant. Je n'avais jamais rien vécu de pareil !

Exercices pratiques avec les anges

I.H., Dallas, Texas.

Après les premières séances d'exercices pratiques, les étudiants devaient s'attendre à ce que les anges viennent se manifester à eux à n'importe quel moment. Ces messagers nous aident à nous familiariser avec le monde spirituel. Durant les séances, ils apportaient des dons et des onctions pour les étudiants, ou ils se mettaient simplement à converser avec eux. Nous avons recueilli divers rapports sur ce que chaque étudiant percevait de leur activité pendant ces moments. Or, sans qu'ils en aient discuté entre eux, ils ont tous décrit pratiquement la même chose.

C'est simple, le Seigneur envoyait au moins un ange par personne, dans chaque groupe. Celui qui avait été assigné à un étudiant, restait parfois avec lui pour toute la durée des 'activations'. Le Maître nous a appelés à rester sensibles, car Il voulait continuer à parfaire notre entraînement avec les anges. Ces exercices ne devaient pas être considérés comme une fin en soi. Ils servaient seulement de bases pour lancer les croyants, en toute sécurité, dans le ministère avec Ses anges. Dieu est déterminé à ce que Ses anges et Ses enfants travaillent ensemble, pour la venue de Son royaume sur la terre.

Comme je l'ai dit plus haut, les anges opèrent dans le cadre de la structure d'autorité de chaque assemblée. Je suis, personnellement, sous la direction du pasteur responsable. Et il m'a confié l'autorité d'évoluer dans ce ministère quelque peu unique. De la même manière, les anges avaient toute liberté pour agir avec les 'capitaines', qui étaient soumis à mon autorité. Ensuite, quand chacun des capitaines priait pour son groupe, les anges pouvaient intervenir auprès des membres des groupes. Comme vous le voyez, ce ministère particulier exige la soumission absolue à tous les niveaux.

En aucun cas, un capitaine, un membre d'un groupe, ou moi-même, ne pourrions nous permettre de prendre l'initiative de lancer seuls de tels exercices avec les anges. En d'autres termes, les 'activations' doivent venir de la tête de l'église. Il appartient donc à votre pasteur, ou au responsable de votre église, de lancer ce ministère. Les anges ne feront rien dans une atmosphère de rébellion. Dieu leur demande de respecter l'autorité établie dans une église, même si ceux qui en sont investis choisissent de ne pas rechercher les choses de Son royaume à ce niveau-là.

Pourrai-je aller dans une église locale pour l'aider à s'élever à la collaboration avec les anges ? Oui, mais seulement si les leaders sont d'accord. Autrement, Dieu devrait contredire tout ce qu'Il nous a enseigné dans Sa Parole au sujet de l'autorité. Je ne dis pas qu'aucun membre, ou leader, ne puisse bénéficier individuellement de rencontres angéliques. Dieu travaille dans chaque vie comme Il veut, selon Sa souveraineté. Seulement, si un groupe de croyants appartenant à une église désire avancer ensemble dans ce ministère et connaître par expérience cette facette du royaume de Dieu de façon régulière, il faudra qu'il se soumette au processus divin.

Chapitre 12

CALCULER LA DEPENSE

> « De grandes foules faisaient route avec Jésus. Il se retourna et leur dit : Si quelqu'un vient à Moi, et s'il ne hait pas son père, sa mère, sa femme, ses enfants, ses frères et ses sœurs, et même sa propre vie, il ne peut être Mon disciple. Et quiconque ne porte pas sa croix et ne Me suit pas, ne peut être Mon disciple. Car lequel de vous, s'il veut bâtir une tour, ne s'assied d'abord pour calculer la dépense et voir s'il a de quoi la terminer ? De peur qu'après avoir posé les fondements, il ne puisse l'achever, et que tous ceux qui le verront ne se mettent à le railler en disant : 'cet homme a commencé à bâtir, et il n'a pu achever !' ... Ainsi donc, quiconque d'entre vous ne renonce pas à tout ce qu'il possède, ne peut être Mon disciple ».
>
> *Luc 14 v.26-30 et 33.*

Je voudrais encore une fois insister sur le fait que Dieu a toujours pour méthode de commencer avec Ses leaders. Mon pasteur responsable et moi avons passé par les plus incroyables épreuves d'épuration. Quand nous pensions que le Seigneur en avait terminé, Il y ajoutait une mesure supplémentaire. Nous avons découvert qu'il

Servir avec les Anges

s'agissait d'un processus qui dure toute la vie, qui réclame jour après jour une relation d'intimité avec Dieu. Car Il ne va pas confier une aussi grande responsabilité à des instruments qui n'aient été éprouvés et soigneusement testés.

Dieu veut des hommes et des femmes qui Lui soient entièrement consacrés. Si votre église est remplie de bons chrétiens qui paient leur dîme, ce n'est pas suffisant. Si ses membres en font partie depuis 30 ans ou davantage, ce n'est pas suffisant. Dieu cherche une église qui va payer le prix ! Une église prête à mourir à ses programmes et ses traditions et qui, en tant que corps, fera tout pour atteindre le cœur du Père. Nous parlons là de changements dans tous les domaines, de remise de tous les compteurs à zéro, afin de ne plus rien vouloir que le plan que Lui a voulu pour l'église.

Le plus grand challenge, pour chaque pasteur, viendra de son bureau et de ses anciens. Vous devez bien comprendre que tous ne vont pas se précipiter pour embrasser ce ministère ! Lorsque l'ennemi vient pour causer divisions et conflits, c'est là que, comme pasteurs et leaders, vous avez tôt fait d'apprendre quelle est votre force spirituelle et à quel point vous êtes déterminés à ce que vienne le royaume de Dieu.

Pour nous, Dieu n'était pas satisfait de la manière dont nous conduisions l'église. Il ne jugeait pas nécessaires tous nos merveilleux programmes. Il avait une liste de changements qu'Il attendait de nous. Tout en haut des priorités, étaient soulignées la prière et l'adoration. Ses priorités devinrent la première zone d'attaques de l'ennemi pour causer division et conflits.

Calculer la dépense

Malgré cela, si vous venez devant Son trône pour essayer de Lui expliquer à quel point des changements aussi radicaux sont impossibles, ne vous attendez pas à de la sympathie... Dieu n'apprécie pas les excuses ! Le Père Saint va juger votre cœur et vos désirs, et Il vous trouvera en défaut. Il demande que vous Le recherchiez de **tout** votre cœur.

Que faire lorsque les leaders veulent suivre les priorités divines et que le peuple ne le veut pas ? Alors, c'est le temps des décisions ! Notre décision nous a coûté les deux tiers de notre congrégation, sur quatre années. Mais aujourd'hui, nous sommes unis et nous avons un seul objectif : le cœur du Père. C'est le seul but de notre église. Nous avons une branche d'évangélisation, mais elle a subi quelques modifications exigées par le Père. Nous avons un ministère auprès des enfants et des jeunes, mais maintenant, au lieu de leur offrir des distractions, nous les amenons dans l'intimité avec le Père. Nous leur enseignons la prière, l'évangélisation, le discernement et comment servir avec les anges. Dieu veut que nos programmes portent Son empreinte. Les différents secteurs de l'église fonctionnent comme des parties de l'ensemble, appuyant Ses desseins à Lui. Ainsi, nos enfants et nos jeunes apprennent, comme les adultes, à s'engager dans les activités de Son royaume.

Dieu veut être en contact encore plus direct avec l'église locale. Certaines assemblées prennent modèle sur d'autres, ou fonctionnent comme des pantins imitant les plus grandes. Mais Dieu veut pouvoir parler directement au pasteur de la moindre des églises et révéler quelles sont Ses priorités, en particulier, à chacun de ces groupes de croyants. Il appelle Son Eglise à s'approcher de Son cœur. Il veut gouverner chaque congrégation d'une façon individuelle ; Lui-même et Ses priorités l'emportent sur les structures dénominationnelles.

La dénomination à laquelle nous appartenons a toujours laissé à l'église locale la latitude et l'autorité de prendre ses propres décisions. Ce fut merveilleux pour nous, mais la situation peut être totalement différente pour vous. Cependant, chaque église doit évaluer sa marche au présent. La vôtre est-elle régie par vos divers programmes, par les membres, avec leurs préférences et leurs traditions… ou par Dieu ? Une fois que vous connaissez la réponse, demandez à Dieu ce que vous devez faire pour vous trouver sur la bonne voie. Et, pour le savoir, votre église aura besoin de prier et de jeûner.

Le Seigneur ne veut plus que l'Eglise continue à s'occuper de ses affaires, comme elle en a l'habitude. Christ désire désespérément voir Son épouse être attentive à Son cœur ! Il veut transformer nos assemblées et nous donner des outres neuves.

> « *Personne ne met du vin nouveau dans de vieilles outres ; autrement, les outres se rompent, le vin se répand et les outres sont perdues. Mais on met le vin nouveau dans des outres neuves, et le vin et les outres se conservent* ».
>
> *Matthieu 9 v.17.*

Autant les congrégations que chaque chrétien individuellement, doivent se débarrasser de ce qui est ancien, pour être prêts à accueillir ce qui est nouveau. Alors, en devenant des églises prophétiques, non seulement nous comprendrons Ses desseins, mais en plus nous les proclamerons.

Calculer la dépense

Il y a beaucoup d'églises qui voudront entrer dans cette plus profonde dimension du royaume de Dieu. Déjà le Seigneur a parlé à certains d'entre vous, pasteurs. D'autres vont très bientôt L'entendre ; en fait, à la lecture de ces paroles, quelques-uns entendent déjà Sa voix. Tout ce qu'a besoin de faire votre assemblée, c'est de se mettre à prier et à chercher le Seigneur avec une nouvelle passion. C'est le temps parfait de Dieu.

Ni notre assemblée, ni ses leaders ne s'intéressent à gagner des adeptes. Le but que Dieu nous a révélé est que nous soyons un catalyseur pour encourager les saints, tout autour du globe, à entrer dans la plénitude de Son royaume. Se peut-il que ce qu'Il a opéré au milieu de nous, Il le fasse aussi parmi vous ? OUI ! Et c'est de tout cœur que nous vous offrons notre aide et nos prières.

Chapitre 13

S'AGIT-IL VRAIMENT D'UN SERVICE SPECIAL?

« Ne sont-ils pas tous des esprits au service de Dieu, envoyés pour exercer un ministère en faveur de ceux qui doivent hériter du salut ? »

Hébreux 1 v.14.

Dans quelle mesure pouvons-nous nous attendre à ce que les anges s'impliquent dans notre vie ou notre ministère ? Un des plus grands évangélistes exerçant un ministère de guérison, dans les années 30 à 50, fut William Branham. Cet homme de Dieu a vécu des expériences incroyables de ministère avec les anges. Ses services de guérisons étaient caractérisés par les visitations angéliques. Il parlait, jusqu'à ce que l'ange du Seigneur se montre ; alors, il se mettait à prier pour les assistants, sous une puissante onction, prophétique, en même temps que pour la guérison. L'ange lui donnait des informations, des paroles de connaissance capitales, sur les personnes pour lesquelles il priait. Il recevait aussi parfois des visions pendant ce ministère. De la même manière, je me suis aperçu que, lorsque les anges sont autour de nous, les paroles de connaissance augmentent, comme les révélations visuelles. Branham est seulement un des nombreux hommes et femmes de Dieu qui ont exercé leur ministère en compagnie des anges. Kathryn Kuhlman, John J.Lake (1), Maria Woodworth-Etter (2) et d'autres encore ont œuvré dans ce ministère de puissance extraordinaire.

J'ai la foi que ces onctions angéliques vont bientôt influencer l'adoration et la prédication. Dans les moments d'adoration, nous entendrons la voix des chanteurs s'élever à un degré inconnu d'excellence. A ceux qui ne savent pas chanter, les anges pourront donner une onction qui les fera ressembler à des professionnels de l'opéra. Et les anges musiciens apporteront celle de la musique à des gens qui n'ont jamais touché un instrument (3).

Pour la prédication, nous pourrions faire des expériences étonnantes, car les anges ont des capacités incroyables quand il s'agit de prêcher. Le style pourra changer d'un service à l'autre, suivant l'ange qui nous sera envoyé pour apporter le message dans une réunion donnée. L'influence d'un ange peut-elle se manifester dans ce domaine ? Oui, c'est tout à fait possible. Peut-être n'avez-vous jamais remarqué dans l'Ecriture, le texte qui parle des anges comme prédicateurs ?

> *« Puis je vis un autre ange, qui volait par le milieu du ciel, ayant l'Evangile éternel, pour l'annoncer aux habitants de la terre, à toute nation, à toute tribu, à toute langue et à tout peuple. Il disait ... ».*
>
> *Apocalypse 14 v.6 et 7.*

S'agit-il vraiment d'un service spécial ?

Non seulement la prédication atteindra une nouvelle dimension d'onction, mais ses résultats seront inimaginables. Pendant que nous prêcherons, les anges se déplaceront au milieu des rangs en touchant les fidèles. Ou encore, l'un d'eux attirera l'attention de celui qui parle et lui dira que le Seigneur est prêt à guérir ou à délivrer quelqu'un. Alors, tandis que les paroles pleines d'onction sortiront de sa bouche, ou pendant que les musiciens joueront sous la même onction, les miracles se produiront. C'est le degré le plus élevé qui puisse exister d'un travail d'équipe et il n'exige rien de plus que notre coopération avec les anges. Il deviendra impossible de prévoir d'avance le déroulement des réunions.

> *« Le vent souffle où il veut, et tu en entends le bruit, mais tu ne sais ni d'où il vient, ni où il va. Il en est ainsi de tout homme né de l'Esprit ».*
>
> *Jean 3 v.8.*

Dans les campagnes d'évangélisation, il se pourra que chaque rencontre soit totalement différente de la précédente, si des anges différents y sont envoyés. Avec le Saint-Esprit comme directeur du service des anges, et les responsables Lui permettant humblement d'avoir le complet contrôle sur tout, on pourra s'attendre aux miracles et au déploiement de la gloire de Dieu les plus extraordinaires et visiblement pas de ce monde. Les pasteurs, ou évangélistes, en dirigeant l'auditoire, offriront simplement aux anges leur collaboration pour faire ce qu'ils ont été chargés d'accomplir. Et l'imposition des mains ? (Hébreux 6 v.2). Elle aura toujours sa place. Cependant, avec les foules énormes qui se formeront là où le Saint-Esprit agira comme cela, l'aide d'une équipe de ministère surnaturelle sera bien nécessaire pour s'occuper de tous ceux qui auront besoin que Dieu les touche. Jésus n'a pas imposé les mains à tous ceux qu'Il guérissait. L'ombre de Pierre était remplie d'une telle onction que les malades qu'elle touchait étaient guéris (Matthieu 8 v.13 et Actes 5 v.15).

Lorsque nous permettons au Saint-Esprit de prendre le contrôle de nos temples, alors attention : tout peut arriver !

> *« Ne savez-vous pas que votre corps est le temple du Saint-Esprit qui est en vous, que vous avez reçu de Dieu, et que vous ne vous appartenez point à vous-mêmes ? »*
>
> *1 Corinthiens 6 v.19.*

« Nous mourons tous les jours »(version anglaise de 1Corinthiens 15 v.31). Paul ne parle pas ici de son être physique, ni de son corps, c'est son âme qui doit mourir. Dans notre âme est le siège de notre volonté, qui peut choisir, ou rejeter, l'influence du Saint-Esprit. Le plan de Dieu, c'est que Son Esprit nous contrôle entièrement. Vous penserez peut-être à cette parole, dans 1Corinthiens 14 v.32, qui affirme : « L'esprit des prophètes est soumis aux prophètes ». C'est exact, nous sommes toujours conscients de ce que le Saint-Esprit opère en nous ou par nous. Nous pouvons arrêter Son action, puisqu'Il ne domine pas notre esprit. Nous ne sommes pas comme des pantins. Il se peut que nous ne comprenions pas ce qu'Il fait, que nous ne trouvions pas les mots justes pour l'expliquer, mais nous devons apprendre à coopérer avec Lui. Alors, soit nous livrons librement notre esprit à Son contrôle en Le laissant nous diriger, soit nous maintenons le contrôle sur nous-mêmes et résistons à Son action dans notre vie.

S'agit-il vraiment d'un service spécial ?

Quand l'onction pour prêcher est tombée sur l'Apôtre Pierre, le jour de Pentecôte, il est devenu un autre homme. Il a parlé avec une puissance et une autorité incroyables ; comme un prédicateur formé par les rabbins. Selon sa nature, il aurait été incapable de prêcher comme cela, mais avec l'aide surnaturelle du Saint-Esprit, il s'est élevé au-dessus de ses capacités naturelles et de ses limitations. Le résultat fut trois mille personnes sauvées, après son premier sermon sous l'onction.

Si de telles onctions sont fidèles à survenir, comme dans l'intercession, il viendra sur nous des capacités surnaturelles, de façon soudaine, et elles nous quitteront avec le départ de l'ange qui les a données. L'histoire de Samson illustre bien cette possibilité d'œuvrer sous une onction spéciale. La force venait sur lui soudainement et, après avoir accompli une grande prouesse pour son Dieu, il redevenait comme un homme ordinaire. Certains ministres pourraient considérer avec arrogance que cette onction de prédication est un don qu'ils possèdent en eux, sans réaliser qu'il s'agit de l'aide d'un ange. Mais faisons attention Dieu ne partage pas Sa gloire. L'humilité est la clé, si l'on veut exercer un ministère d'une valeur quelconque dans Son royaume. Ceci est particulièrement vrai du ministère en compagnie des anges.

(1) **John G. Lake : His Life, His Sermons, His Boldness of faith,** Kenneth Copeland Publications Fort Worth, Texas 1994 (p.139-140). **(3) idem :** p.43-45.

(2) **Signs and wonders** par Maria Woodworth-Etter, Whiteaker House 1997 (p.350-51, 433).

Servir avec les Anges

Chapitre 14

PAROLES PROPHETIQUES

« Et pour eux, la Parole de l'ETERNEL sera précepte sur précepte, précepte sur précepte, ligne sur ligne, ligne sur ligne, un peu ici, un peu là ».

Esaïe 28 v.13.

Nous devons veiller à ne pas limiter nos croyances, concernant les événements de la fin des temps, aux ouvrages écrits dans les générations passées. A travers les siècles, Dieu S'est révélé Lui-même et Il a révélé Ses plans petit à petit. Une des raisons qui me le fait croire, est que chaque génération d'enseignants Bibliques a eu une compréhension, ainsi qu'une explication différentes de ce à quoi s'attendre dans les derniers jours. Le Seigneur m'a dit qu'ils ne seraient en rien comme beaucoup l'ont enseigné et annoncé. L'Apôtre Paul, Jean le Bien-aimé et Pierre ont tous parlé de Dieu en disant qu'Il continuerait à révéler, pour l'église des derniers temps, ce qui n'aura pas été compris dans le passé.

> *« Il répondit : 'Va, Daniel, car ces choses seront tenues secrètes et scellées jusqu'au temps de la fin. Plusieurs seront purifiés, blanchis et épurés ; les méchants feront le mal et aucun des méchants ne comprendra. Mais ceux qui auront de l'intelligence comprendront ».*
>
> *Daniel 12 v.9-10.*

Je ne veux pas dire qu'il faille claquer la porte devant ceux qui ont fait des recherches sérieuses sur les événements de la fin. Mais l'essentiel pour nous est d'être attentif pour que le Seigneur puisse, au jour le jour, nous faire connaître ce qui va se passer. Les écrits de Daniel et de l'Apocalypse ne donnent pas une description du tableau dans tous ses détails. Tous ceux que renferment ces textes prophétiques, Dieu saura nous les révéler selon Son parfait timing. Il est stupide de faire une confiance aveugle aux hypothèses des hommes, simplement parce que nous avons envie de savoir d'avance comment tout se déroulera. La Bible parle de 'mystères' :

> *« le mystère caché de tout temps, et dans tous les âges, mais révélé maintenant à Ses saints ».*
>
> *Colossiens 1 v.26.*

Le Seigneur va donner de la clarté à des passages de l'Ecriture jusqu'ici mal compris. Ce qu'Il ne veut pas pour nous, c'est une connaissance humaine, cérébrale, ou nos meilleures suppositions. Elles ne suffiront pas ; nous devons vouloir à tout prix la fraîche révélation de la vérité, que le Saint-Esprit nous transmettra.

Pierre parle de vérité 'présente', c'est à dire celle que Dieu révèle, au moment présent, à l'église. Par exemple, au début du 20ème siècle, fut dévoilée la vérité vieille de 2.000 ans, au sujet du parler en

Paroles prophétiques

langues. Ce n'était pas une vérité 'nouvelle' mais une vérité 'présente'. Je pourrais vous donner bien d'autres exemples dans ces 100 dernières années, de vérités qui sont depuis toujours dans la Parole, mais qui n'ont été que récemment comprises, crues et mises en pratique. Ainsi, le service avec les anges est une vérité présente pour aujourd'hui.

> *« Voilà pourquoi je prendrai soin de vous rappeler ces choses, bien que vous les sachiez et que vous soyez affermis dans la vérité présente ».*
>
> *2 Pierre 1 v.12.*

Dieu va très vite faire sauter le couvercle de nos traditions et de notre étroitesse de pensée. Les Américains, et tout spécialement ceux qui fréquentent les églises, sont très attachés à leurs opinions. Des multitudes d'assemblées locales affirment à grands cris qu'elles aspirent à un mouvement de Dieu, mais elles ne l'accueillent que dans la mesure où il ne bouscule pas leur confort. Depuis combien d'années le Corps de Christ, dans son ensemble, prie en disant : « Que Ton Règne vienne ! ». Mais s'il venait dans les églises, sur toute la face du globe, il serait intéressant de savoir si elles seraient vraiment prêtes à l'embrasser. L'Ecriture dit bien que les voies et les pensées de Dieu sont totalement différentes des nôtres.

> *« Car Mes pensées ne sont pas vos pensées, et Mes voies ne sont pas vos voies, dit l'Eternel. Autant les cieux sont élevés au-dessus de la terre, autant Mes voies sont élevées au-dessus de vos voies et Mes pensées au-dessus de vos pensées ».*
>
> *Esaïe 55 v.8-9.*

Servir avec les Anges

Nous ne pouvons pas demander à Dieu de descendre nous visiter par une manifestation de Sa présence, et nous attendre à ce que tout se passe sans bousculer le confort de nos habitudes. C'est impossible! Si vous avez soif de Dieu, cela signifie que vous voulez aussi Son règne. Or, dans Son royaume, les anges vont en premier préparer le lieu où habitera Sa présence. Ce fait, à lui seul, devrait suffire à élargir votre conception de Sa manière d'opérer. Par exemple, la plupart des anges vont et viennent, pourtant, Dieu en a postés quelques-uns

en permanence dans notre église depuis déjà quelques années. Et vous serez devant un encore plus grand défi lorsque les anciens, les patriarches et les saints des siècles passés commenceront à apparaître. Au fur et à mesure que les différents aspects du ciel viendront s'établir dans votre église, votre compréhension des méthodes du royaume de Dieu verra son horizon s'élargir.

Les anges joueront un rôle important dans le ministère de délivrance. Aujourd'hui, je suis capable de comprendre ce qui s'est passé ce fameux jour, à Pensacola, dans ma chambre d'hôtel. Dieu a envoyé deux anges pour faire sortir les démons qui s'étaient attachés à moi. Je n'ai eu personne pour me conduire dans le processus de délivrance ; il n'y a pas eu de rupture des malédictions des générations passées, ni de confession de péchés particuliers. Bien que je croie à ces méthodes de délivrance, c'est Dieu qui, dans Sa souveraineté, a jeté dehors les démons de convoitise, de religion et de critique. Depuis, je suis libre. Je donne la gloire à Dieu, et je sais que ces anges ont été envoyés de Sa part pour faire le travail.

Paroles prophétiques

Le Nouveau Testament nous raconte l'histoire d'une femme dont l'enfant avait besoin d'une délivrance (Marc 7 v.25-30). Jésus ne S'est pas rendu à l'endroit où était l'enfant. Il n'a pas interrogé la mère pour savoir pourquoi sa fille avait un démon. Il n'avait pas besoin de détails. Il a simplement dit à la femme de rentrer chez elle, car sa fille était délivrée. Qui a opéré ce miracle ? Jésus n'y est pas allé et je suppose que personne n'a prié sur place. Ou peut-être y avait-il quelqu'un ? Je crois que des anges ont été envoyés pour sauver cette enfant.

Avez-vous une idée du genre de ministères qui nous attendent, lorsque Dieu prendra toute l'initiative de Ses plans ? Son serviteur n'aura rien d'autre à faire que de Le regarder guérir et libérer les gens, au moyen de Ses anges. Si vous recherchez une reconnaissance personnelle, un tel ministère ne sera pas pour vous. Lorsque vous exercerez le ministère avec les anges, il sera évident que les résultats ne pourront vous être attribués. Dieu est déterminé à recevoir toute la gloire. Il ne la partagera pas ! Les anges vivent et œuvrent en comprenant parfaitement ce principe et eux non plus ne s'attribuent aucune gloire. C'est à Dieu qu'elle revient entièrement.

Il arrivera souvent que les messagers célestes nous donneront des instructions qui, une fois formulées, s'avéreront être des paroles de connaissance, ou de sagesse, ou de prophétie. C'est exactement ainsi que le Saint-Esprit opère. Lorsqu'un ange parle avec vous, c'est le Saint-Esprit qui vous parle. Lorsqu'un ange vous conduit vers quelqu'un au milieu d'une foule et vous met à l'esprit une parole à lui apporter, c'est le Saint-Esprit en action.

Servir avec les Anges

Ce n'est pas que les anges se lancent tout à coup dans une grande activité ; non, ils ont toujours été au service de Dieu. C'est pour cela qu'ils ont été créés. Seulement, c'est nous qui commençons tout juste à comprendre, ou à recevoir la révélation, qu'en réalité, ce sont eux qui accomplissent les œuvres du Saint-Esprit, quand Il travaille sur cette terre.

Je sais qu'il semble plus facile de les reléguer dans leurs fonctions de protecteurs, mais ils font beaucoup plus que cela. Nous devons réaliser l'étendue de leur ministère à des domaines tels que la guérison, les dons, les onctions, la délivrance et le combat spirituel. Et tout ce qu'ils font est ordonné par le Seigneur. Donc, finalement, obéir à leurs directives nous garde dans la volonté de Dieu. Pour moi, ceci simplifie ma part dans le ministère.

Ce degré de coopération active avec les anges est à la disposition du Corps de Christ. Mais on ne le verra pas dans toutes les églises. Le Seigneur nous a bien fait comprendre que la mesure de l'activité angélique au sein d'un groupe local dépend de l'acceptation des leaders à y être impliqués. Dieu n'aura pas de rangers solitaires, pas plus qu'Il ne permettra que des membres d'églises opèrent avec Ses anges, s'ils ont la moindre trace de rébellion envers leurs leaders. Les anges ne travailleront avec personne qui se montre rebelle. Pour voir ce ministère opérer dans nos églises, il est nécessaire que le pasteur, les autres leaders et les anciens, soient unis et en soumission à ce que Dieu accomplit par Ses anges. C'est la seule base sur laquelle Il agira. Ses messagers visitent d'abord le responsable de la congrégation, ensuite les autres leaders, et enfin les fidèles. Or, l'équipe de responsables d'un groupe local a besoin de certaines instructions avant de se lancer dans une telle aventure ; et un des mandats que Dieu nous a confiés est justement d'en aider d'autres à réussir cette transition.

Que faire lorsque le pasteur ou le leader ne veut pas avoir part au ministère angélique? Je regrette, mais celui-ci n'interviendra pas dans votre assemblée. La tête doit se trouver en complète soumission à Dieu. Les anges ne seront pas envoyés à la congrégation, tant que les responsables ne se soumettent pas au Seigneur dans ce domaine. Aucun pasteur ne peut demander que cette onction se manifeste dans son église, sans qu'il en soit très personnellement affecté. C'est à lui de sauter le premier dans l'eau, avant que ses fidèles puissent le suivre.

Le ministère angélique, exactement comme le Saint-Esprit, doit être bienvenu et invité. Si les anges sont rejetés, alors c'est dans son ensemble que l'action du Saint-Esprit dans une telle assemblée s'en trouvera atteinte. Car si l'Esprit n'est pas autorisé à Se manifester dans Sa plénitude, Il est attristé. Dans aucune église Il n'imposera Son ministère.

Que faire si votre pasteur, ou votre responsable, ne veut rien avoir à faire avec le ministère des anges ? Avant tout, priez pour vos leaders. Soyez patients et, en aucun cas, ne créez de la rébellion dans votre église. Dieu parlera à Ses bergers. Ils entendront Sa voix et ils auront un choix à faire. Qu'ils arrivent à entendre Dieu leur parler, c'est là la clé. Une fois qu'ils auront pris la décision d'inviter, ou de ne pas inviter, le royaume de Dieu à intervenir dans l'église, alors, vous pourrez décider pour vous-même ce que vous devez faire. Si les leaders considèrent que le prix est trop élevé, ou que ces choses sont absurdes, alors vous n'aurez plus qu'à demander au Seigneur si vous pouvez vous joindre à une église qui marche dans cette dimension.

Sachez seulement que Dieu peut vous appeler à rester là, pour prier pour votre église. Nous déclarons être prêts à donner notre vie pour l'évangile, alors qu'en réalité, c'est notre mort que nous sommes prêts à donner. Accepteriez-vous de renoncer au ministère avec les anges, pour l'accomplissement des desseins de Dieu dans l'église où vous êtes ? Etes-vous prêt à rester là où Il vous a placés ? INTERDISEZ-VOUS tout murmure, tout bavardage, toute plainte et gardez-vous de lancer un mouvement en dessous, pour influencer votre pasteur. Soyez, au contraire, assez sérieux pour vous mettre à prier et jeûner. La réponse à vos prières prendra peut-être plusieurs années. Vous ne pouvez pas imposer à Dieu des limites dans le temps, ni Lui donner un petit coup de pouce pour L'aider à faire avancer les choses. Croyez-moi, si c'est Sa volonté pour votre église, Il l'accomplira.

Un aspect du prix que vous aurez à payer, en invitant la venue du royaume de Dieu, sera le flot de critiques qui se lèvera contre vous. La plupart des gens n'aiment pas le changement et plus encore n'aiment pas qu'on parle trop du surnaturel. Seulement, Dieu manifestera Sa puissance de manière toute différente, dans les églises qui L'auront laissé libre de faire ce qu'Il voulait au milieu d'elles !

Lorsque Son royaume commence à s'établir au sein d'une église, le pasteur et les responsables ont le devoir d'informer leurs membres de ce qui est en train de se passer dans le domaine spirituel, et de leur apprendre comment coopérer avec les anges. Or, parmi les croyants,

Paroles prophétiques

beaucoup se sentiront très mal à l'aise quand vous commencerez à parler ouvertement du monde surnaturel.

Ce fut malheureusement notre expérience. Au moment où vous allez vous lancer dans un partenariat avec Dieu et Ses anges, votre église connaîtra des problèmes internes. L'ennemi engagera un combat à mort pour vous empêcher d'avancer dans cette nouvelle dimension spirituelle. Vous assisterez à des divisions entre des amis intimes et les membres d'une même famille, au sujet de la direction que prend l'église. Tous les tièdes, tous ceux qui ne sont pas pleinement consacrés vont, soit la quitter, soit rester pour y causer des conflits. L'invitation à ce que le royaume de Dieu se manifeste n'est pas nécessairement synonyme d'accroissement de la congrégation. En fait, au cours des quatre dernières années, la nôtre a perdu les deux tiers de ses membres.

Souvenez-vous que Jésus a perdu une grande partie de ceux qui Le suivaient, quand Il leur a enseigné « des choses difficiles » :

> *« Dès ce moment, plusieurs de ses disciples se retirèrent et ils n'allaient plus avec Lui. Jésus, donc, dit aux douze : Et vous, ne voulez-vous pas aussi vous en aller ? »*
>
> *Jean 6 v.66-67.*

L'Ecriture nous montre d'autres exemples de cette réalité : l'armée de Gédéon, que Dieu a réduite de 32.000 hommes à 300 (Juges 7 v.3 à 6) ; et parmi les disciples, le nombre de ceux qui ont persévéré dans l'attente, dans la Chambre Haute, est passé de 500, à 120 le jour de la Pentecôte (1Corinthiens 15 v.6 et Actes 1 v.15).

Servir avec les Anges

Pour nous, cela a signifié un engagement total dans les desseins de Dieu. Il n'y a aucune exception : ou nous Le servons à Sa manière, ou Il ne restera pas. C'est Lui qui est Le constructeur, et la plus grande partie de ce qu'Il construit n'est pas visible au regard naturel. Nous nous contentons de coopérer et de nous mettre en accord avec Lui pour ce qu'Il veut voir se produire dans notre assemblée et dans notre cité. Il opère toutes choses selon Son timing. Nous ne bougeons pas tant qu'Il ne nous donne pas le feu vert. Tout va lentement, beaucoup plus lentement que nous aurions pensé. Soit vous apprenez la patience, soit vous laissez tomber, tellement vous êtes frustré. Dieu peut très bien changer de vitesse avec vous, une fois ou deux, pour voir si vous êtes volontaire pour les changements. Il vous fera arrêter une activité pourtant bonne et fructueuse, simplement pour s'assurer que vous êtes obéissant. Il ne veut pas nous voir nous installer dans quelque tradition ou méthode à laquelle nous ne puissions pas renoncer en un instant. Il peut aussi nous retirer Sa présence pendant un moment, pour voir si nous Le cherchons avec la même passion que lorsque l'onction nous est fortement sensible.

Mais pourquoi est-ce que le ministère et la présence des anges causent tant de turbulence ? Il y a sans doute à cela plusieurs raisons. Tout d'abord, lorsqu'ils viennent, l'onction pour l'intercession devient plus intense. Si certains croyants n'aiment pas prier et n'apprécient pas que le pasteur insiste sur l'utilité de la prière, ils seront cause de problèmes. Lorsque les anges viennent pour aider à intercéder, il se passe différentes choses : peut-être des bruits inattendus, des prières bruyantes, des langues ou des sons curieux, toutes sortes de manifestations inhabituelles. Je ne parle pas seulement des diverses manières de trembler. Bien des choses

Paroles prophétiques

inquiétantes peuvent arriver, et il faut envisager les retombées potentielles, avant d'inviter le royaume de Dieu à s'approcher dans sa plénitude.

Tous programme, activité, coutume et tradition, doivent passer sur Son enclume. Le Maître vous demandera par exemple, d'annuler un programme que vous aimez particulièrement, de supprimer les recueils de cantiques, ou même l'orgue. Il est loin d'attribuer autant de valeur que nous à ces choses. Dans notre église, nous avons mis l'orgue de côté, mais pas les cantiques. L'essentiel étant que nous devions ouvrir nos cœurs à des chants nouveaux venant d'en - haut.

L'émondage peut aller très loin. Il pourra ôter certains leaders et certains membres du milieu de vous. Quand vous entendrez vos fidèles se plaindre, continuerez-vous à obéir à la voix du Seigneur ? Car Il ne permettra pas que des personnes restent là en prenant à la légère, ou en critiquant ce qu'Il fait.

Nous n'aurions jamais rêvé de l'équipe de ministères telle que Lui l'a constituée. Aujourd'hui, plusieurs adolescents composent le groupe de louanges. Dans votre assemblée, est-il permis de danser ? A-t-on la liberté de prophétiser ? Dieu est-Il autorisé à faire tout ce qu'Il veut parmi vous ?

Ces libertés ne sont d'ailleurs pas le signe que Son royaume soit là. Alors, n'essayez pas de faire que Dieu S'approche, en retirant les recueils de chants et en créant un groupe de danse. Il saura très bien mettre le doigt sur les détails qui empêchent votre église de dire en le pensant vraiment : « Seigneur, nous sommes prêts à faire tout ce que Tu demanderas ! »

Servir avec les Anges

N'avez-vous pas passé des heures à organiser et mettre sur pied des programmes pour plaire à vos fidèles ? Ces programmes sont-ils non-négociables ? La plupart sont sortis de nos raisonnements d'hommes. Dieu nous demande d'envisager de mettre de côté nos méthodes et nos projets, pour adopter les Siens. Cela peut paraître impossible. Si vous êtes un leader, priez, demandez à Dieu si votre église est capable de cette transition… ou peut-être devrais-je dire, de cette transformation. Il ne veut pas nous voir bricoler les activités et structures de nos églises, Il veut les éliminer et nous faire repartir à zéro. Une église peut-elle survivre à ce processus ? Uniquement si ses membres se consacrent aux plans de Dieu. Je ne pourrais plus jamais faire partie d'une communauté qui n'a pas un tel engagement.

Quel est le but de n'importe quelle assemblée ? De chercher à ce que « Son règne vienne et Sa volonté soit faite ». Il y a assez longtemps que nous prions ces mots ; maintenant à nous d'avancer dans Son royaume !

En temps voulu, les anges influenceront l'adoration, la prédication, l'évangélisation, et les miracles seront là. Le Seigneur est en train d'ôter le voile de nos yeux. Serez-vous de ceux qui auront le privilège d'être partenaire avec Lui et de voir des choses phénoménales ?

Voulez-vous exercer le ministère avec les anges ?

> *« Que celui qui a des oreilles, entende ce que l'Esprit dit aux églises ».*
>
> *Apocalypse 3 v.22.*

www.ingramcontent.com/pod-product-compliance
Lightning Source LLC
Chambersburg PA
CBHW061656040426
42446CB00010B/1772